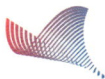

中国公民科学素质提升行动丛书

小学生
科学素质提升行动

融媒体版

《中国公民科学素质提升行动丛书》编写组　编

科学普及出版社
·北　京·

丛书指导委员会

丛书编写组

（按姓氏笔画排序）

丁　培　　万维钢　　马志飞　　马冠生　　王　光
王　晨　　王　翔　　王　磊　　王立铭　　王俊鸣
王冠宇　　王海风　　牛玲娟　　毛　峰　　卞毓麟
尹　沛　　尹传红　　申立新　　史　军　　包　宏
冯桂真　　邢立达　　毕　坤　　刘　博　　刘　鹤
刘春晓　　安　静　　许　晔　　许仁华　　李　响
李　铮　　李志芳　　肖宗祺　　吴　华　　吴苏燕
余　翔　　张　刃　　张　闯　　张　晔　　张天蓉
张文生　　张世斌　　张劲硕　　张继武　　张婉迎
陈　灿　　陈红旗　　范丽洁　　周又红　　庞　辉
郑永春　　单之蔷　　孟　胜　　赵　斌　　赵春青
段玉佩　　俞冀阳　　闻新宇　　姜　霞　　祝晓莲
秦　彧　　夏　飞　　郭玖晖　　郭晓科　　黄　大
梁　进雪　　董　宽　　蒋高明　　谢兰飞　　谢映霞
雷　雪　　廖丹凤　　赛先生　　滕　飞　　滕继濮
潘　亮　　鞠思婷　　魏晓青　　籍利平

前言

习近平总书记指出："科技创新、科学普及是实现创新发展的两翼，要把科学普及放在与科技创新同等重要的位置。没有全民科学素质普遍提高，就难以建立起宏大的高素质创新大军，难以实现科技成果快速转化。"

《中国公民科学素质系列读本》（以下简称《素质读本》）是中国科协为推动全民科学素质行动在"十三五"期间的有效开展而立项的大型出版项目。《素质读本》于2015年9月出版，后于2016年10月升级为融媒体版。

2021年启动的第3版修订工作，对标《全民科学素质行动规划纲要（2021—2035年）》（以下简称《新纲要》），重点围绕践行社会主义核心价值观，大力弘扬科学精神，培育理性思维，养成文明、健康、绿色、环保的科学生活方式，提高劳动、生产、创新创造的技能等专题进行内容修订。根据《新纲要》界定的五大

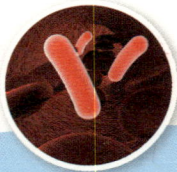

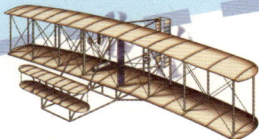

人群，本次修订后的《素质读本》更名为《中国公民科学素质提升行动丛书》，包括《小学生科学素质提升行动》《中学生科学素质提升行动》《农民科学素质提升行动》《产业工人科学素质提升行动》《老年人科学素质提升行动》《领导干部和公务员科学素质提升行动》。

《素质读本》自问世以来，取得了社会效益、经济效益双丰收：图书获多项省部级出版物奖，衍生产品《公民科学素质动漫微视频》获第五届中国出版政府奖音像电子网络出版物奖提名奖；图书累计发行逾130万册，视频全网播放量逾10亿次。希望本次修订的版本，能够继续成为我国公民科学素质提升行动的重要工作抓手之一，为我国科学素质建设发挥积极作用！

《中国公民科学素质提升行动丛书》编写组

2023 年 5 月

目录 Contents

生命与健康

地球与环境

数学与信息

物质与能量

科技与社会

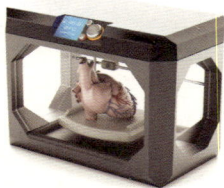

全民科学素质学习大纲结构导图

科学观念与方法
- 科学理念
- 科学观念
- 科学规范
- 科学方法

数学与信息
- 数与形
- 符号与推理
- 恒定与变化
- 不确定性
- 计算与信息

生命与健康
- 生物多样性
- 分子与细胞
- 遗传与进化
- 稳态与控制
- 生物与环境
- 疾病防控与健康
- 生物技术与工程

物质与能量
- 身边的物质
- 物质的构成
- 运动与相互作用
- 能与能源

工程与技术
- 民生科技热点
- 大型科技工程
- 前沿高新技术
- 现代制造技术

地球与环境
- 宇宙中的地球
- 地球系统
- 地球和人类活动

科技与社会
- 科学技术与人类文明
- 科学技术及其社会运行
- 科学技术与社会发展
- 提升公民科学素质

能力与发展
- 能力
- 科学探究的过程与重要环节
- 技术设计的过程与重要环节
- 工程实施的过程与重要环节
- 科学决策的过程与方法

生命与健康

1 一滴水中有多少奇妙的生命

探寻宇宙中的生命，需要用天文望远镜，欣赏水滴中生命的美丽，需要借助于显微镜。

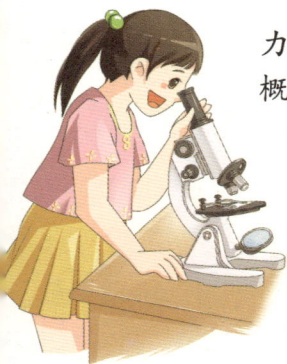

将一滴水滴在载玻片上，在力的作用下，水滴变形为直径大概1厘米（相当于10000微米）的"水饼"。将它放在显微镜下观察，我们将会看到奇妙的微观世界：那只长得像草鞋的大块头叫草履虫，体长300微米左右；那个手拉手连成

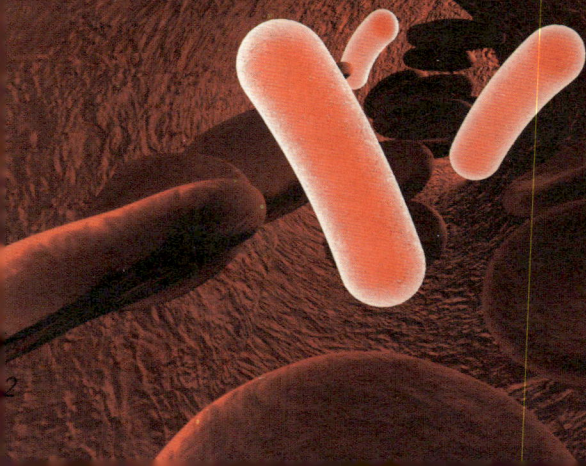

大肠杆菌

一串的家伙叫蓝藻，每一个蓝藻细胞的直径大约 4 微米，别小看它们，它们可是最早出现在地球上的生命，已经有 35 亿年的历史了；大名鼎鼎的大肠杆菌，"身高"只有 2 微米；此外，还有体型更小的类群——病毒，直径一般只有 0.3 微米，要想看清它们的模样，必须使用性能更高的电子显微镜。

一滴水中到底有多少奇妙的生命呢？假设我们能够让微生物首尾相接，一字排开，在展平为"水饼"的一滴水中列队，那么，草履虫能放 33 只，蓝藻可以排 2500 个，大肠杆菌可以码 5000 个，病毒的承载量至少是 3.3 万个……

不过，自然水域中的微生物可不会这么听话，它们会根据不同水体的情况，寻找最适合自己生存的地方。一滴水中有多少微生物呢？水体和微生物的种类不同，答案也不同。科学家曾做过实验，在百慕大海域的海洋表面取出的一滴水中，一种叫"噬菌体病毒"的微生物

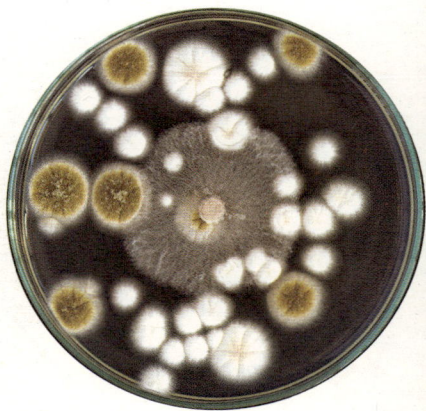

菌落

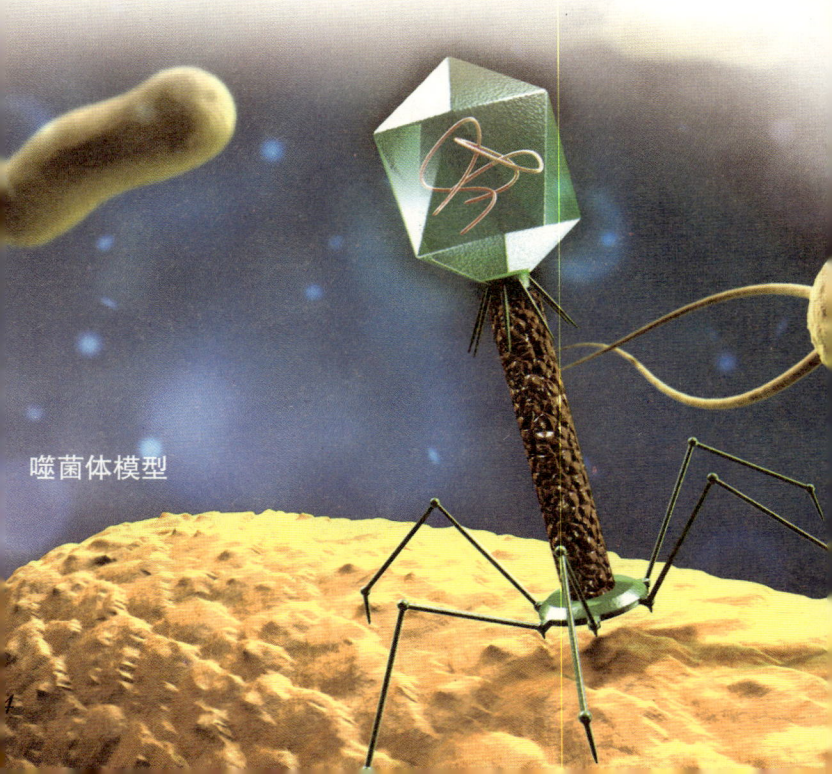

数量多达 100 万个。而同样是这片海，在一滴深海海水中，噬菌体病毒的数量几乎为零。如果从微生物的种类上来考虑，最丰富的集散地莫过于池塘了。在一滴池塘水中，你可能同时发现轮虫、绿藻、草履虫、细菌和病毒……

这些肉眼看不到的微小生命，形态各异，种类万千，有些微生物长相的怪异程度远远超出你的想象，但也有很多微生物看起来既漂亮又可爱，它们聚集在一起的时候会形成肉眼可见的菌落。如果没有微生物的分解作用，自然

噬菌体模型

界中的物质循环就会停滞，久而久之，地球就会垃圾成堆。我们地球上的生态系统能够稳定存在，微生物功不可没。但是，在这些奇妙的微小生命中，有些对人类的健康有害，如果它们出现在饮用水或食品中，也会给人类带来大麻烦。

水滴中的微生物

水是所有生命存在的必需要素，当一滴水干涸，水滴中这些奇妙的微小生命也将随之消逝；同样的，当地球上的水体遭遇灾难，我们人类和地球上的所有生命也将危在旦夕。爱护地球，让我们从爱护一滴水开始！

科学探索

池塘里面住着谁

请和同学或家长一起，利用假日对学校或住家附近的池塘做一次科学调查，看看在池塘这个小生态系统中，有哪些动物、植物和微生物。

人是从哪里来的

人是从哪里来的？是猩猩变的吗？猩猩又是由什么变的呢？要回答这些问题，我们就要从生命的源头说起。

这要追溯到距今 35 亿年之前，在原始海洋中出现了最早的生命体——原核细胞。15 亿年之后，有一群原核细胞的势力不断强大，开始和其他原始生命体竞争，释放一些它们无法适应的气体——氧气。

到距今 5.4 亿年左右的寒武纪，随着大气和水环境的变化，在原始海洋中出现了大量新物种，它们可以算得上是现存大部分生物的老祖宗了。而后，生命的形式越来越丰富，脊索动物的出现，是演化的一大突破，现代的人和鱼类虽然完全不同，但都属于这个大家族。鱼有从头到尾的一条鱼刺，我们也有从颈椎到尾椎的一条脊柱。鱼刺和脊柱的作用都是保护脊髓——非常重要但又容易受伤害的神经系统。

后来，生命体从水中登上陆地，这看似简单的一步，却花了几亿年。从两栖动物如青蛙，爬行动物如龟、蛇，到鸟类、哺乳动物，

卵　　成蛙

蝌蚪　　　　　　幼蛙

长出前肢

长出后肢

青蛙的生长过程

生命一次次地展现出它不可思议的更新力量。

随着时间更迭，环境剧变，在脑容量最大的物种——灵长类动物中，某一个时刻，出现了直立行走的个体，它们由于解放了前肢，从而拥有了优于其他同伴的"工具"。后来，也许是由于一次偶然的雷电，也许是无数次尝试之后的必然，它们学会了使用火。火使食物变得更易消化，也使猛兽不敢来犯。这些个体又经历了漫长的进化，渐渐创造出了真正的工具，并凭借语言、文字，开创了文明。

至此，人类已经和老祖宗的样子完全不同了。

知识链接

寻找人类的共同祖先

人类是从古猿进化来的，这一点已经被今天的人们广泛接受，但我们那位"共同的祖母"到底是谁，至今还存在争议。科学家比较认可的一种观点是：人类的共同祖先源自东非。但中国学者也提出了自己的不同观点，并得到相关证据的支持。寻找人类的共同祖先，未来这个任务也许就落在你的肩上。

你在妈妈肚子里是什么样子的

我们都是妈妈怀胎十月后才来到这个世界的。可你知道你在妈妈肚子里的十个月是什么样子的吗？

一开始你还没有人形，像一颗泡过的小豆子，个子特别小，还不到一个指甲盖的1/10。不过你已经有脊椎了，脊椎的另一头还有一个小尾巴尖。

你努力地生长，一个月后，你终于长到一粒苹果籽那么大了，这时候你终于开始长出手、脚、眼睛、耳朵、鼻尖和舌头，小尾巴也消失啦。不过你的手指和脚趾间有蹼，像鸭子一样。

三个月后你终于长得有模有样了，手指和脚趾已经完全分开，但是眼皮黏合在一起，手臂比腿长，头占了身体的一半，像一个扁豆荚。

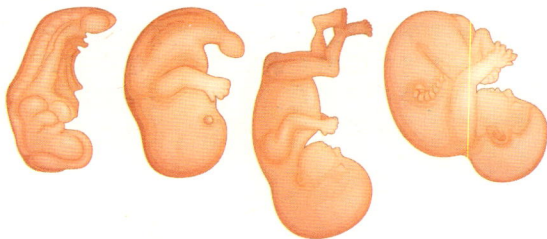

四个月时你已经有一个梨那么大了，还长出了眉毛和头发，能感受到光，喜欢在妈妈肚子里玩耍，你的玩具就是脐带。如果妈妈对着肚子打开手电筒，你会觉得刺眼而赶紧躲开。

从第五个月开始你变得特别不老实，经常在妈妈肚子里踢腿、屈体、伸腰、滚动，一个小时要动四五次。

六个月时你长到 1 千克了，能听到妈妈的心跳声和说话声，对一些较强的噪声，你还会觉得躁动不安。

七个月时你终于可以睁开眼睛了，还能辨别明暗和跟着光源看。

八个月时你已经长到快 2 千克，妈妈肚子里的活动空间不够让你翻筋斗了。再过两个月，等你的身体发育完全，你就可以出生啦！

妈妈，母亲节快乐!

妈妈在怀孕的过程中非常辛苦，你出生的时候妈妈承受了非常大的痛苦，所以我们一定要感谢伟大的妈妈。

知识链接

胎儿为什么会长尾巴

人的胚胎发育开始时是有尾巴的，在胎儿成长的过程中控制生尾的基因关闭了，尾巴停止生长变成股骨。胚胎发育的这一过程被认为是重演了人的进化历程，说明人类祖先的某些基因没有消失，只是在适当时候关闭。

疫苗能打一针管一生吗

疫苗能打一针管一生吗？

疫苗能打一针管一生吗？要弄明白这个问题，我们先得知道，人体细胞是怎么跟病毒作战的。

人体中有两种强大的"卫士"，分别是T细胞和B细胞。

作为白细胞的一种，T细胞有着不可替代的作用，它们在人体的骨髓里出生，然后前往人体的胸腺，在那里接受一段时间的"训练"，当它们再次走出胸腺时，就成了一个个可以随时出征、战斗力十足的特种兵。

T细胞一旦得到病毒入侵的信息后，马上会自我分裂，一分为二，二分为四，在几小时之内，就变成了成千上万个T细胞。这些T细胞有的会奔赴战场，阻杀病毒；有的则会去召集更

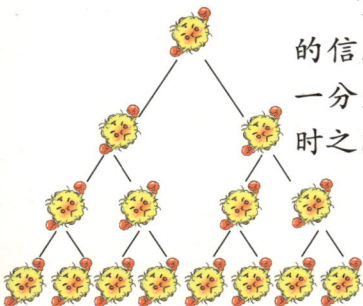

加强大的 B 细胞。

与 T 细胞一样，B 细胞也在骨髓里出生，但它不到胸腺中去，而是在骨髓里逐渐成熟。之后，B 细胞离开骨髓，到人体的脾脏和淋巴里面待命。

B 细胞比 T 细胞稳重、严谨得多，当接到病毒入侵的信息时，并不会马上行动，而是要等待 T 细胞的"求援"。这是因为 B 细胞的战斗力实在太强，不能随便乱用，否则"杀敌一千自损八百"，反而会给人体造成伤害。

在 B 细胞确定"出兵"后，它便会和 T 细胞一样，赶紧自我分裂，在短时间内复制出大量的 B 细胞，投入到与病毒的战斗中。

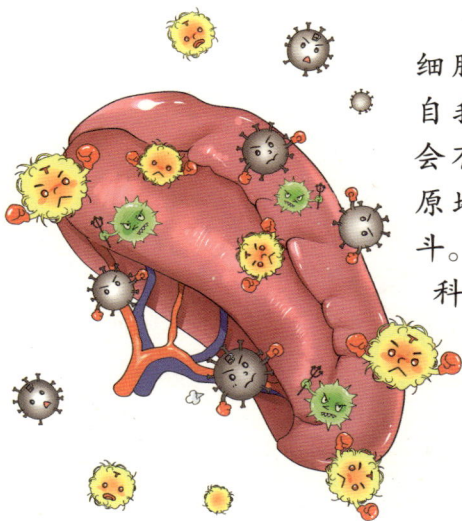

有趣的是，T细胞和 B 细胞在自我分裂后，都会有一部分留在原地，不参加战斗。这些细胞被科学家称为"记忆细胞"，它们能记住这次战斗中病毒

的样子，以后一旦有同样的病毒再次来袭，这些记忆细胞就会迅速辨认出它，并且自我激活、分裂，大战一场。得过天花的人不会再得天花，得过麻疹的人不会再得麻疹，就是得益于这些记忆细胞的存在。

敌人是这个样子的，再见到它们立刻攻击。

既然如此，人体内如果拥有更多种类的记忆细胞，不就能预防更多种类的疾病了吗？没

错，疫苗就是基于这个原理研制出来的。科学家先设法把病毒或细菌的毒性减弱，然后注射到人体中。这些被弱化的病毒或细菌不足以让人们生病，却会引发T细胞和B细胞"应战"，从而产生记忆细胞，使人们获得相应的免疫力。

不过，记忆细胞的寿命有限，所以疫苗也是有时效性的。比如流感疫苗的作用可以维持1年左右，而肺炎、卡介苗疫苗的作用则为3～5年，乙肝疫苗的作用一般在10年左右。所以，打一针就能管一生的疫苗，现在受限于技术，还不存在。不过，随着医学的发展，也许科学家能培育出"长寿"的记忆细胞，到那时，打一针疫苗就可以保护我们一生了。

知识链接

最早发明疫苗接种法的是哪个国家

现在被广泛使用的疫苗接种法，最初是由哪个国家发明的呢？答案是——中国。早在4世纪初，我国就有用类似疫苗法防治狂犬病的记载。在明代，已经广泛使用人痘接种法预防天花。直到18世纪，这种预防天花的方法才被引入欧洲。

打哈欠会传染吗

在广袤无垠的大草原上，夕阳西下，比晚餐时间更晚一些，古猿社群中某个精力弱些的家伙打了一个大哈欠。旁边看到或听到哈欠的古猿相继模仿，传递着"有伙伴需要休息"的消息，一时间哈欠四起，社群成员达成共识，停止跋涉，找地方休息……这就是哈欠"传染"的由来，它是我们从社群生活的祖先那里沿袭下来的一种肢体语言。

随着进化的演进，古猿社群发展出了让沟通更顺畅，能表达更多含义的语言，表达"我困了"只要说一句话就可以，再也不用一个接一个地打哈欠来传递信息了。但这种自祖先继承下来的肢体语言，今天却仍然存在。这要感谢人类大脑皮层中的镜像神经元。这些神经元在我们看到或听到某种动作时被激活，促使我们像照镜子一样，模仿之前的那个动作。

神经生物学家发现，只有大脑皮层发达的脊椎动物，才有类似的能力，当然辨识哈欠、彼此"传染"这种更复杂的社会行为，要归大脑的"高级意识和智力"部门负责，算得上是人类可引以为豪的能力。

所以，所谓的"哈欠传染"其实就是"哈欠模仿"。如果你一看到别人打哈欠、听到别人打哈欠、想到打哈欠这个动作，自己也容易被"传染"，也开始打哈欠，甚至在看这篇文章的过程中，都已经打了好几个哈欠，那么恭喜你，你天生发达的镜像神经元赋予了你超强的习得潜力。

科学探索

还有哪些行为是会传染的

除了打哈欠，还有一些人类行为也是具有"传染性"的，比如挠痒。皮肤是身体抵抗外界入侵的第一道防线，当我们被蚊虫叮咬后，下意识的挠痒动作是自卫的本能反应。痒也是会传染的，看别人挠痒，自己身上似乎也痒了起来。甚至看到蚊子、虱子等，也会让人不由自主地产生痒的感觉。此外，打嗝、呕吐等也会传染。请你搜集一些关于人类"传染性动作"的资料，再认真观察一下身边的师长和同学，看看哪种动作的"传染性"最强。

我们和它们
看到的世界一样吗

　　我们通过眼睛来欣赏大千世界，接收外界信息。其他动物也是如此，不过它们的眼睛与人类的眼睛有着不同的结构，因此看到的世界也和人类眼中的大不相同。

　　人类的双眼长在头的前部，更容易锁定观察目标，但是如果和眼睛长在头部两侧的草食动物相比，我们的视野就小了很多。草食动物的眼睛能够帮助它们更好地发现敌情。比如吃草的斑马，不用费劲转头，就可以发现两侧和前方有没有狮子。

　　很多鸟类的色觉细胞不仅远远超过狮子，还胜过人类。有着4种色觉细胞（人只有3种）的鸟类，可以看到更加丰富多彩的世界，使它们能更快、更准确地发现尖尖的嫩芽、成熟的果实、胖胖的虫子……

一般来说，动物的两只眼睛的转动是协调一致的，但也有两只眼睛可以分别看向不同方向的动物。比如变色龙，它的双眼有着独立的调节系统，能够分别看向不同方向。

很多生活在水中的动物，它们眼睛的构造比人眼还要"科学"。比如章鱼的眼睛，完全没有视觉盲点，堪称完美。大多数鱼类由于有水的天然润滑，没有进化出眼睑，所以鱼无论是醒着还是睡着，都会睁着眼睛。

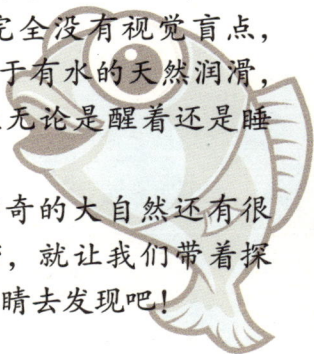

神奇的大自然还有很多秘密，就让我们带着探索的眼睛去发现吧！

科学探索

它们也像我们一样有色盲吗

动物也会像我们人类一样有色盲吗？答案是肯定的。狮子就是天生的色盲，在它们眼里，一群黑白相间的斑马就好像一个线条交错、深浅难辨的"怪物"，所以狮子绝不会贸然袭击一群斑马。请你利用网络等工具搜集关于人眼构造的知识，了解人类的色盲成因和在工作、学习中应注意的用眼卫生知识。

人能像动物一样飞翔吗

在动物界，像人类这样不能飞的动物是"少数派"，许多动物都是会飞的。虽然它们的飞行特点不同，但基本原理是一样的。那么，人类能向它们学习、借鉴，飞上蓝天吗？

绝大多数昆虫都会飞，而且还是地球上最早飞起来的动物。大黄蜂的翅膀每秒钟可以振动约200次。你要想学它的飞行术，先要确认一下自己1秒钟能摆动双臂多少次。其次，大黄蜂并非直上直下地扇动翅膀，而是画出一个横"8"字，你的手臂有这么灵活吗？

翼龙是一类能飞的爬行动物，有的个头像今天的鸟雀一样，有的则十分庞大，比如风神翼龙。如果你想像风神翼龙那样飞，需要长出长5米左右的无名指，还要做一个大型手术，将骨头挖成中空，在体内填充像气球一样的气囊。

从亲缘关系上看，蝙蝠和人类同属哺乳纲，是更好的效仿对象。要想像蝙蝠那样飞，最重要的是把你的手改造成能够展开的皮膜，这样才能御风飞行。一旦完成改造，你就要练习头下脚上悬挂在天花板上睡觉了，因为这样的睡姿才方便随时起飞。

如果变成鸟呢？得把你身体上的肌肉尽量移植到上肢，因为鸟类飞行的主要动力来自上肢。此外，还得从真皮层开始密密麻麻地种满羽毛；有可能要把大肠剪掉，因为太占空间了……

虽然人类不能依靠自己的肉身起飞，但我们却用自己的大脑发展出了一门能帮我们飞起来的学科——仿生学，通过模仿生物系统的结构和功能来设计人工系统。鹞式战机、直升机……都是仿生学的成果。人类善于学习和使用工具，更善于把自己的长处发挥到极致，这才是实现飞天梦的关键。

8

毛毛虫也能伪装成毒蛇吗

　　蝴蝶和蛾子之类的昆虫，小的时候是毛茸茸或肉乎乎的毛毛虫。这些让我们看着头皮发麻的胖虫子，却是小鸟的美食。

　　为了避免成为一顿大餐，毛毛虫想尽各种办法藏猫猫。蓑蛾幼虫会吐丝织一个壳，像蜗牛一样背着壳活动。卷叶蛾幼虫会卷起植物叶片，躲在里面逍遥自在。菜青虫的保护色非常逼真，不过虽然能躲过小鸟，有时却会被我们当作青菜吃了。

蓑蛾

黄褐色的尺蠖长得像一截枯树枝，粗心的捕食者很难发现它。

菜青虫

刺蛾的幼虫

还有一些毛毛虫不用这么委屈，它们或是靠吃有毒植物在身体里积攒了大量毒素，或是自力更生地长出了满身的毒毛。它们不仅不怕被捕食者发现，反而身体鲜艳、外形醒目，像是在向冒犯者示威：不怕吃苦头，就放马过来！

如果自己没有什么战斗力，却又不喜欢躲躲藏藏，那就只能厚着脸皮冒充危险动物啦！一种名叫赫摩里奥普雷斯的美洲毛虫就是这么做的，它竟然能伪装成一条微型毒蛇！

当赫摩里奥普雷斯毛虫立起身体的时候，不论是它三角形的脑袋、头顶的蛇眼状斑点，还是诡异的动作，简直比毒蛇还像毒蛇！其实，这个只有几厘米长的小家伙根本不是蛇类，它长大后将变成一只色彩斑斓的大蛾子。

小小的毛毛虫，正是靠着各自的"十八般武艺"，在危机四伏的大自然中生存下来的。

21

9

蜗牛也有左撇子吗

蜗牛也有左撇子，你相信吗？也许你会说，蜗牛连手都没有，怎么区分它是不是左撇子呢？确实，蜗牛属于软体动物，没有明显的肢体来表达自己对于"左"或"右"的青睐，但科学家通过观察蜗牛壳上的螺纹发现，在已知的 7 万种蜗牛中，右旋螺纹占了绝大多数，只有大约 5% 是左旋的，这 5% 就是蜗牛家族中的左撇子。

2009 年，一篇刊登在《自然》杂志上的文章指出，决定蜗牛壳上的螺纹是左旋还是右旋的，是一种名叫 Nodal 的基因。Nodal 在蜗牛受精卵分裂成 4 个细胞时开始起作用，如果将这个基因摘除，不让它起作用，那么蜗牛壳上的螺旋花纹就会消失。

你能看出我的壳是右旋的吗？

　　我们人类也有左撇子和右撇子之分。和蜗牛一样，如果你是左撇子，那么你就是在人群中只占1/10的"少数派"。在学习、生活中，也许不少左撇子都曾遭遇过一些尴尬，比如吃饭的时候总和旁边的人"打架"，从左往右写字时，手指会蹭花刚刚写下的字……但是，正因为是"少数派"，左撇子在某些领域也有着天生的优势。比如，在体育竞赛中，左撇子击剑手、棒球投球手、拳击手，相比同实力的右撇子选手，更容易获得胜利。可见，左撇子并不是什么缺陷，而是正常的遗传现象，科学家称它为"偏侧优势"。

在动物世界中还有很多偏侧优势的例子。来自英国的研究人员以 42 只家猫为研究对象，让它们完成一项复杂的取食任务——从一个窄口罐子中抓取金枪鱼肉。结果，在十几次的取食测试中，21 只母猫中有 20 只都使用右爪，而 21 只公猫中有 20 只习惯用左爪……研究人员说，家猫对左右爪的使用偏好只有在完成一些较复杂的任务时才十分明显。这就好比对人类来说，打开一扇门用左右手都可以轻松完成，但涉及用筷子或写字这样的复杂动作时，就开始体现出左手或右手的使用偏好了。

按照上面的实验结果，猫可是

"男左女右"的坚定执行者。那么狗呢？澳大利亚科学家在对270只种类不同的狗进行长期观测后发现，狗的左撇子和右撇子各占15%，剩下70%则没有明显的使用偏好。科学家认为，有偏侧优势的狗更容易通过训练成为工作犬，比如导盲犬、缉毒犬、搜救犬等，这个方法可以帮助警队挑选优秀的幼犬来进行训练。

无论是哺乳动物、鸟类、鱼类，还是无脊椎动物，偏侧优势的现象比比皆是。它的内在决定因素是细胞中的遗传物质，外在的塑造力量则来自漫长的演化过程，是生命不断适应环境的结果。

我是左撇子哟！

科学探索

找找家里的左撇子

如果你家里养宠物鹦鹉，那么可以准备一些坚果给它，看它常用的是哪只爪子。科学家的研究指出，大部分鹦鹉都是左撇子。你家鹦鹉也是左撇子吗？观察一下，家里还有谁是左撇子？

10

盐也会引发战争吗

在肯尼亚埃尔贡山国家森林公园中有个基藤洞。白天，这个洞一片宁静，可一到夜里就热闹非凡，草食动物羚羊、水牛、非洲象等悉数到来，尾随而至的是猎狗、豹子……洞里究竟有什么东西吸引着它们，令它们纷至沓来呢？答案是——盐！对于野生动物来说，自然状态存在的盐很难获取，因此为了生存，它们便展开了"食盐争夺战"。

埃尔贡山地处赤道，常年多雨，地壳表层的盐分被大量雨水溶解，或流失，或渗入到更深的地层中，导致植物含盐量很低。草食动物无法像食肉动物那样，通过其他动物的血肉补充自己体内的盐分，便只好另辟蹊径。比如体型庞大的非洲象，依靠取食山坡上富含盐分的矿石、土壤来补充身体对盐分的需求。一代一代的非洲象不断地用自己的象牙和肌肉开拓"盐矿"，才有了今天这个纵深 200 米、惠泽大量草食动物的盐洞——基藤洞。每天晚上，食盐争夺战都在这里上演，而盐洞的缔造者——非洲象的牙，也因为经常用于挖洞，被磨得越来越短了。

盐是维持生命体正常运转所必需的物质。人类也不例外，血液中含有一定浓度的盐分，是生命存续的条件之一，所以当有人失血过多的时候，除了输血还需要补充生理盐水。

盐引发的战争不仅在动物界中存在，在人类历史中也屡见不鲜。根据传说和专家考证，中国最早的战争就是黄帝、炎帝、蚩尤三大部落为争夺山西运城地区的盐池而进行的；在美国历史上的很多次战争中，盐也扮演了重要角色；盐还在玛雅文明的盛衰中起到了关键作用。

科学探索

你每天的食盐摄入量合理吗

"中国居民平衡膳食宝塔"是结合中国人饮食结构特点设计的直观图，用于指导我们在日常生活中合理搭配、均衡饮食。请对照"平衡膳食宝塔"中的建议量，测测你每天的食盐摄入量是否合理。

盐 <5 克
油 25~30 克

奶及奶制品 300~500 克
大豆及坚果类 25~35 克

动物性食物 120~200 克
——每周至少 2 次水产品
——每天 1 个鸡蛋

蔬菜类 300~500 克
水果类 200~350 克

谷类 200~300 克
——全谷物和杂豆 50~150 克
薯类 50~100 克
水 1500~1700 毫升

中国居民平衡膳食宝塔图

11

斑马是黑斑白马还是白斑黑马

斑马身上黑白相间的斑纹很特别，不过它们究竟是黑斑还是白斑呢？如果想追根溯源，确定黑白两色"孰先孰后"，就要到斑马妈妈的肚子里去看看。在斑马胚胎的发育过程中，先长出黑色的外表，而后这黑色的外表再逐渐发育，成为黑白相间的样子，这个来自胚胎学的证据告诉我们：斑马是黑皮白斑。

别小看这简单的黑白斑纹，它还有四大优势呢！

首先，斑纹利于斑马隐藏自己。斑马的主要天敌是狮子，而狮子是色盲。当一群斑马聚在一起时，狮子只能看到深浅相间的一片灰色，很难分辨出哪里是头，哪里是腿，会感到无从下嘴。

ISBN 978-7-110-09230-9

9 787110 092309 >

其次，每一匹斑马的斑纹都是独一无二的，就像货架上商品的条形码。而斑马的眼睛就是"扫描仪"，只要扫上一眼，就能辨识出对面跑来的斑马。

再次，斑纹还能帮助斑马降温。斑马身上的黑条纹吸热，温度高；白条纹反光，温度低。黑条纹上的热空气密度小，会上升，白条纹上的空气会自动流动过来补充，随之被黑条纹加热后继续上升，白色条纹上的空气继续流过来……循环往复，形成对流风。在斑马的身上，仿佛安装了千百个小风扇，凉快得很。

最后，斑纹还能帮助斑马驱赶蚊虫。研究人员曾制作了四种不同颜色的、与真马等大的黏土模型，在模型上面涂抹了昆虫胶，每隔两天数一下粘在不同模型上的马蝇数量。结果发现斑马纹模型吸引的马蝇数量是最少的。

可见，黑皮白斑，是斑马根据环境和自身特点进化出的"最佳着装"。

12

真有吃人的植物吗

1920年9月26日，卡尔·李奇博士在《美国周刊》上撰文称，他于1878年在马达加斯加目睹了一棵巨大的开花植物将一名年轻女子消化掉，并且还配上了这名女子被吞噬的图画。几年后，《美国周刊》发表了另一篇有关食人树的故事，这次是菲律宾棉兰老岛的一种树。探险家布兰特称，他在漫步时走入了岛上的禁地，一棵食人树伸展开来，叶子发出嘶嘶声。他的向导认识这种树，便把他拖开，远离那些叶子的伸展范围。另外还有传说描述，当地人会采集这些食人树的汁液当作珍贵药材，只要用足够的新鲜鱼喂饱这棵怪树，就可以放心地采树汁了。

后来，科学家对文章中提到的地方进行了考察，发现这些说法都是杜撰的惊

悚故事。那些所谓的"食人植物"不过是几种捕食昆虫的植物，它们能够吸引昆虫跌入陷阱，然后将它消化。

实际上，世界上能够吃动物的植物还真不少，共有600多种，分属于13科20属。它们经常无声无息地享用大餐。猪笼草就是这样一个优雅的"食客"。

猪笼草的"餐具"很精致，那是一个个挂在叶柄末端的小"瓶子"。这些"瓶子"的内壁十分光滑，并且会散发出昆虫喜欢的食物气味。当昆虫满心欢喜地钻进瓶子寻找大餐时，就会滑落到瓶底。在那里等待它们的是可怕的消化液。这些倒霉蛋很快会被消化液分解，而猪笼草就靠这些营养生存。

瓶子草
用蜜汁吸引昆虫，
捕虫能力强于猪笼草

猪笼草

捕蝇草

在猪笼草每个"瓶子"的上方都有一个小盖子。很多人以为这是为了防止昆虫逃脱，其实并非如此。这些小盖子的作用只是不让雨水或露水落到"瓶子"里。

与猪笼草静候猎物不同，捕蝇草具有主动出击的习性。捕

蝇草的叶子有点像捕兽夹，当昆虫站在上面连续触动上面的针状毛时，叶子就会砰然合起，无法逃脱的昆虫也就成了捕蝇草的美味佳肴。

茅膏菜的捕猎技巧就更纯熟了，这些植物叶片表面的腺毛上会分泌强力胶一样的黏液。当昆虫停落在叶面上时，就会被黏住，而腺毛又非常敏感，昆虫越是挣扎，腺毛越是会向内和向下运动，将昆虫紧紧压住。

猪笼草、捕蝇草和茅膏菜的捕虫工具有很大差别，但是它们都生长在土壤贫瘠的地方，为了能开花结果，只有通过诱捕昆虫增加营养。

它们不同于其他植物的生存方式激起了某些小说家的想象，从而写出了"食人树"等耸人听闻的故事。真正能捕食较大动物甚至人的植物，至今还没有在地球上发现过。

茅膏菜
叶片表面的腺毛上有强力胶一样的黏液，昆虫落在叶面上时，就会被黏住

地球与环境

宇宙起源于一次爆炸吗

仰望夜空，你可能会提出种种疑问：星星到底有多少？宇宙究竟有多大？从远古时代起，人类就开始了对天体运行及宇宙起源的探索和思考，无论是西方《圣经》中的上帝创世纪，还是中国神话中的盘古开天地，都认为天地宇宙处于永恒的运动和变化之中。既然宇宙不是静止不变的，那么它一定有起点和终点。它从哪里来？又将归向何处呢？

100多年前，大多数宇宙学家认为宇宙既没有开始也没有结束。1927年，比利时天主教神父和天文学家勒梅特首次提出了宇宙大爆炸假说。1929年，美国物理学家埃德温·哈勃通过观测发现，所有遥远的星系和星团都在逐渐远离我们，并且距离越远离我们而去的速度越快。如果当前星系和星团间的距离在不断增大，那说明它们在过去曾经离得很近。1946年，美国核物理学家、宇宙学家伽

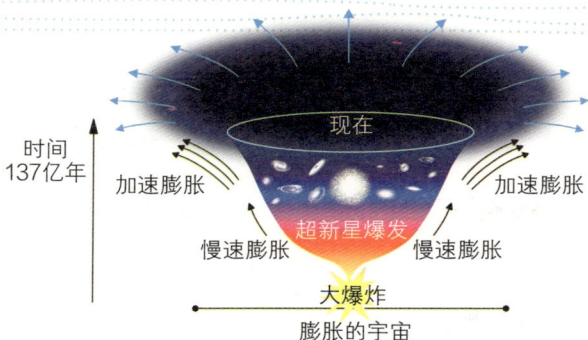

时间
137亿年

加速膨胀　　　　　　　　　加速膨胀

现在

超新星爆发

慢速膨胀　　　　　　　　　慢速膨胀

大爆炸

膨胀的宇宙

大爆炸理论示意图

莫夫正式提出大爆炸理论，推论出宇宙起源于大约 137 亿年前的一次大爆炸。那时候，宇宙中的所有质量都集中在一个几何尺寸很小的奇点上，我们现在所感受到的时间和空间结构，就是从这个奇点爆炸而产生的。

虽然大爆炸理论还不完善，但它是迄今为止能够较好解释诸多天文现象的理论，因而被学者和公众所普遍接受。宇宙是无限的，还有更多的宇宙奥秘等待着未来的科学家去探索。

知识链接

"大爆炸"一词的由来

"大爆炸"一词最早是由英国天文学家弗雷德·霍伊尔使用的，有趣的是，霍伊尔恰恰是大爆炸宇宙学模型的反对者。他在1949年的一次广播节目中，将勒梅特等人的理论称作"这个大爆炸的观点"。结果"大爆炸"由此而成为这种宇宙模型的名字，渐渐流传开来。

人类能找到"第二家园"吗

2015年7月23日，开普勒太空望远镜发现了迄今为止与地球最相似的系外行星——开普勒452b，这颗距离我们1400光年的行星被称为"第二地球"，引发了人们对外星生命的无限畅想。来自遥远星空的消息，使人们对"第二家园"的期待更加热切。

我们生存的地球是太阳系八大行星之一，银河系中像太阳一样的恒星有上千亿颗，而宇宙中像银河系一样的星系又有上千亿个。在如此浩瀚的宇宙中是否存在第二个适合人类生存的家园呢？

根据我们在地球上的生存经验，适宜人类长期居住的第二家园，至少需要具备下面这些环境条件：

太阳和太阳系中的行星

第一，要有大气层的保护，过滤掉大部分的紫外线辐射。大气不能太稠密也不能太稀薄，否则人类的心肺功能将难以承受。大气中的氧气含量必须适中，含量过高，人会发生醉氧，含量过低则会缺氧。

第二，要有液态水和适宜的温度。水是生命之源，生命的存在离不开水。所以，第二家园与恒星（类似太阳）的距离不能太远也不能太近，太远了温度过低，水会结冰；太近了温度过高，水又变成了水蒸气。只有保持合适的距离才能使水保持在液态，维持生命的存在。

第三，要有一个岩石质的表面，让人类可以继续生活在陆地上。还要有一个完美的磁场，屏蔽来自宇宙的高能带电粒子。

第二家园的内部能量释放要比较温和，地震和火山爆发的强度和频度不能太高，否则人类在这些自然灾害面前的生存机会将十分渺茫。

第四，第二家园的周围不能有太多小天体碎片，否则被小天体撞击一次就可能使人类重蹈恐龙灭绝的覆辙。另外，第二家园环绕运行的母星，最好像太阳一样"脾气温和"，以免人类被突然爆发的超级粒子风暴"烧死"。

我们在地球上所享用的大气、磁场、海洋、陆地，我们视之为理所当然，然而从整个宇宙的角度来看，实乃稀世珍宝。

我们现在寻找第二家园，并不是因为那里比地球更加美好，而是为了寻找人类未来的避难所。目前，地球仍是太空中唯一适合人类长期居住的行星。保护地球，就是保护人类的未来。如果把人类看作一个大家

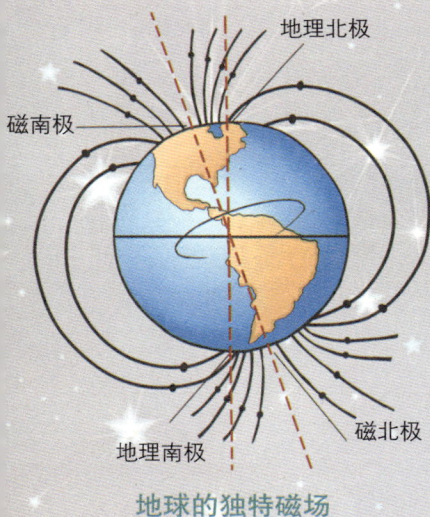

地球的独特磁场

地理北极
磁南极
地理南极
磁北极

庭，那么地球就是我们的"传家宝"，把地球完好无损地保护好，并代代相传下去，是我们每一个人的责任。

知识链接

曾经的"太阳系第九大行星"

2015年7月14日，"新视野"号宇宙飞船首次飞越冥王星，拍到了这颗行星的背面。其表面看似心形的图案，激起了人们对星空探索的强烈好奇。本属于"太阳系九大行星"行列的冥王星，因为之前一直被错估了质量，于2006年被"降级"为矮行星。尽管如此，人们并没有忘记它，也从没有停止对它的探索。

外星人
一定要长得像人吗

约 20 年前，考古学家在智利阿塔卡马沙漠中发现了一具体型矮小的遗骸。他体长只有 15.24 厘米，长相怪异，一度被当作远古时代外星人曾经到访地球的证据。后来科学家提取了遗骸的 DNA，发现这些 DNA 只有几十年的历史，并且毫无疑问属于人类，而后的 X 射线扫描也表明，这是一副有明显畸形特征的儿童骨骼。

这个结论让很多相信外星人和 UFO 的人很失望。至今有关外星人的传说都缺乏确凿证据的支持，这一次也不例外。

然而，外星人——其正确称谓应该是地外高等智慧生命，他们的存在是完全可能的。

人们想象中的地外生命往往三头六臂，或绿皮白发，但不管怎么想象，也脱离不了人的模样。但是，按照地球上的经验来寻找地外生命却未

必明智，因为地外生命可能完全不同于人类：他们或许不需要水，靠喝甲烷或其他液体就能生存；他们或许可以生活在极冷或极热的环境中……

地外生命可能具有高度智慧，也可能刚处于生命萌芽期，或许曾经出现过生命，但现在早已灭亡。由于相距甚远，地外生命和地球上的人类就像分别生活在太平洋和大西洋中的两条小鱼，碰面的可能性实在太小。

地球是宇宙中唯一孕育生命的星球吗？到底有没有地外生命？为了回答这些问题，天文学家设计并建造了巨型望远镜，聆听来自宇宙的声音。或许有一天，我们可以听到他们发出的有规律的无线电波，让我们感知他们的存在。

科学探索

给外星人画个像

请充分发挥想象，把你心目中的外星人形象画下来或写下来。再和同学交流一下：为什么你认为（或你希望）外星人是那个样子？

16 蜗牛的"远亲"有多远

　　一只生活在英国的蜗牛，有一天无意中得知，它的"远亲"竟然在 2 亿年以前就在大西洋对岸的北美洲安家落户了。蜗牛百思不得其解，对于它们这种行走缓慢的物种来说，跨越海浪滔天的大西洋简直比登天还难。它的这位"远亲"一没有翅膀，二没有搭乘任何交通工具，究竟是如何迁徙到北美洲去的呢？

　　蜗牛的疑惑也是 20 世纪德国科学家阿尔弗雷德·魏格纳曾经苦思冥想的问题。1910 年，魏格纳在观察一幅世界地图时，无意中发现被大西洋隔开的两岸大陆的轮廓似乎是相互对应的，比如巴西海岸上凹进去的海湾，竟然能在非洲西海岸上找到与它相吻合的突出部分。魏格纳灵光一闪：难道在很久以前，南美洲大陆与非洲大陆是一个整体？

　　为了验证自己的设想，魏格纳查阅了大量资料。

他发现，如果将南美洲和非洲拼起来，两块大陆的边缘可以完美地吻合。此外，如果将巴西和非洲西部的古老岩石相对比，它们的岩石结构也是完全相同的。这些真实的证据充分证明了魏格纳的想法：南美洲大陆与非洲大陆原来就是一体的，后来才慢慢分离，被大西洋隔开。

魏格纳乘胜追击，随后又对古生物化石进行了研究。他发现一种庭院蜗牛的化石竟然在欧洲和北美洲都有分布，还有一种舌羊齿植物的化石在非洲、澳大利亚、南美洲都出现过，分布区域极其广泛。这些生长在陆地上的动物和植物，是根本不可能依靠自己的力量进行一次海上长途旅行的，唯一能够解释这种奇妙现象的理由就是——大陆是漂移的！

在严谨的科学研究的基础上，魏格纳正式向科学界提出了自己的"大陆漂移说"。他认为，大约在3亿年以前，地球上的陆地是一大块相连的整体，即泛古大陆。这块超

级大的陆地并不是固定不动的，而是在地球自转的离心力以及太阳、月亮的吸引力下，发生着我们感觉不到的缓慢移动。在移动的过程中，陆地一点点地缓慢分裂，从一整块分裂为若干块。分裂后的大陆继续漂移，各奔东西，经过漫长岁月，最终形成了如今我们所熟悉的大陆位置。

现在，我们脚下的大陆依然没有停止漂移，只是它的演变过程异常缓慢，慢到我们几乎无法察觉的状态。或许再过上几亿年，

原始的海陆分布图

这些分裂的大陆又会重新拼接到一起。那时，英国的蜗牛就可以去拜访从北美洲远道而来的亲戚了。

现在的海陆分布图

知识链接

真理须经受时间的考验

魏格纳于1912年提出大陆漂移说，在1915年出版的《海陆的起源》一书中系统阐述了自己的观点。但他的学说在此后数十年中都没有得到科学界的认可。直到20世纪60年代，在魏格纳去世30多年后，大陆漂移说才被世人所接受。

17

为什么海水有不同的颜色

　　海洋是什么颜色的？或许你会脱口而出：蓝色！然而，事实并非如此。

　　当你用盆盛起海水的时候，会发现它其实是无色的，但是一望无际的海洋却能在阳光的照射下展现出迷人的蔚蓝色。这是因为太阳光是由红、橙、黄、绿、蓝、靛、紫七种颜色的光组成的，海水对不同颜色的光的吸收能力不同，对于红色、橙色和黄色光的吸收能力较强，而蓝色光和紫色光则会被海水反射回去，或者向四面八方散射开。因此，我们所看到的大海的颜色，其实就是那些被反射和散射回来的太阳光。又因为人类的眼睛对于紫色光不敏感，所以就只能看到蓝色了。

　　如果你经常出海，你会发现，只有晴天的时候海洋才显现出蔚蓝色，而阴天的时候，由于没有太阳光，你所看见的海洋是暗黑色的。

　　但是，我国的黄海却呈现出浅黄色，这是我们的"母亲河"黄河携带大量泥沙不断汇入黄海造成的。在阿拉伯半岛和非洲大陆之间有个狭长的海域，不仅海水中含盐量大，而且水

温较高，很适宜一种红褐色的藻类生长，所以海水看似红色，故而得名"红海"。欧亚大陆中的黑海之所以颜色昏暗，是因为这里的海底堆积有大量的污泥，与之相反的是，紧邻俄罗斯的白海，海面上到处是雪白的冰层，在阳光下反射出明亮的白光。总而言之，海水的颜色跟海水中所含的物质有关。

五颜六色的海洋是个"聚宝盆"，它不仅给我们提供大量的鱼类、虾类、贝类、藻类等海产品，还蕴藏着珍贵的能源和矿产资源，如石油、天然气、煤炭以及多种金属矿。不仅如此，海洋还是地球上水汽的主要供应者，是地球气候的"调节器"。

知识链接

中国最美的海在哪里

南海，是中国最美的海。澄澈透明的海水，能让人清晰看到海面下三四十米处逡巡游弋的鱼群，随着阳光照射角度的变换，海水幻化出天蓝、浅蓝、深蓝、宝石蓝等各种蓝色，美不胜收。保护南海，就是保护祖国美丽的容颜。

18

在家也能挖矿山吗

提起矿山，大家首先想到的一定是在野外开采的煤矿、铜矿、金矿等。有一种在家里就能开采的矿山，你听说过吗？让我们先从我们的邻国日本讲起。

日本是个天然矿产资源极度匮乏的国家，但现在，日本仅黄金的社会储量就有 6800 吨，相当于全球黄金埋藏量的 16%，比世界上最大的黄金出产国南非的天然金矿储量还多。此外，日本的银储量达 6 万吨，相当于全球银埋藏量的 22%。日本是怎样从矿产小国一跃而成为矿产大国的呢？秘密就在于日本政府推进的"城市矿山"开发项目。日本居民对家中淘汰的电视、冰箱、洗衣机、空调、电脑、手机等电器不是草率丢弃，而是按照严格的回收程序进行分类处理和回收。这些电器中富含的金、银、锂、钛等稀贵金属被提炼出来后，不断充实着日本的矿产储量。

我们一直以自己国家的"地大物博"而自豪，但再丰富的资源储量也是有限的，随着资源耗用量的不断增加，我们国家的矿产资源已日渐匮乏。

有一种说法很形象：全球80%的矿产资源已经从地下转移到地上，它们以电子废弃物等"垃圾"的形态堆积在我们周围。但我们可千万不能真把它们当作"废物"。"废物不废，是放错地方的宝贝"，快在你的家里找一找，把那些"沉睡"的废旧电器唤醒，让它们重新变身为宝贵的矿产资源吧！

电子废弃物是目前世界上增长最快的废弃物之一，全球每年产生的电子废弃物约5000万吨。

1吨电脑集成线路板	大约提炼	131千克 铜
		20千克 锡
		0.5千克 黄金

1吨废旧手机	大约提炼	100千克 铜
		3千克 银
		0.15千克 黄金

数学与信息

19

0和1的世界有多神奇

从1数到10，对我们来说很简单，毕竟我们有10根手指。如果一只小鸭子需要数数，它将怎么数呢？伸出一只翅膀是1，再伸出一只翅膀是2，要数3……可就难啦！

半个多世纪前，科学家在发明计算机的时候，也遇到了同样的困难。当时的电子元件很原始，基本只有"开"与"关"两种工作状态，想要可靠地表示从1到10的数值实在太难了。要利用高速的电子元件帮我们进行计算，就必须找出适应电子元件工作方式的计算方法。

　　幸运的是，17世纪的数学家莱布尼茨已经找到了解决这个问题的答案。在他的手稿里，描绘了二进制这种奇妙的数字系统。

　　二进制只有0和1两个数字，却可以与十进制的自然数一一对应。下面这张简单的表格，就反映了二进制与十进制的对应关系。

十进制数	二进制数
0	0
1	1
2	10
3	11
...	...

　　二进制逢1进位，而十进制逢9进位；二进制数和十进制数能相互转换，并且同样能进行各种运算。比如，十进制的1+1=2与二进制的1+1=10就是完全等价的。

二进制最大的缺点是数字很长，比如二进制数110110有6位，对应的十进制数54才2位。看起来有点绕的二进制，诞生了几百年似乎都没有什么用处。不过，1和0正好与电子元件的"开"与"关"不谋而合。于是，二进制时来运转，成了计算机工作的基本数制。

　　有了二进制做基础，下面的事情就简单多了。科学家把许许多多的电子元件按照一定规则组装好，它们就能勤勤恳恳地进行二进制计算了。

　　早期的计算机很"笨"，人们需要自己把十进制数转换成二进制数，然后制作出长长的穿孔纸带，有孔的位置表示"1"，没有孔的位置表示"0"。计算机"吞"下并识别纸带之后，才能知道需要计算什么数字。每次计算的规则，也要靠手工在操作台上扳动开关设定。

　　等到计算机终于完成了计算，再把表示结果的穿孔纸带"吐"出来，或是用一大排指示灯告诉人们答案。这些纸带或指示灯

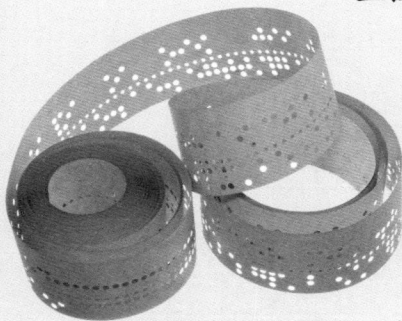

计算机穿孔纸带

都是用二进制表示的，还得再转换成十进制。即便如此，第一台计算机也比人工快上很多倍，能每秒执行5000次加法运算。

随着科技的进步，计算机的计算速度越来越快，而且具备了更多的功能。人们发明了键盘和鼠标等输入设备、显示器和打印机等输出设备，计算机的使用变得越来越方便。

相比刚发明出来的时候，计算机的速度和功能增强了无数倍，不过他们的计算原理还是传统的二进制。普普通通的0和1，仍然是计算机世界中最基本的元素。

科学探索

除了二进制、十进制，还有八进制、十六进制等不同数制，请搜集一些关于数制的资料，发散思维畅想一番：不同的数制能够在我们的日常生活中发挥什么作用呢？

猫咪睡觉时为什么把身体蜷成团

　　睡觉时，我们可以做个试验：先把身体蜷成一团，再将身体伸展开，相信你马上就能得出结论：第一个姿势比较暖和。猫咪睡觉时把身体蜷成团也是这个道理，因为这样能使身体暴露在冷空气中的面积大大缩小，散发的热量也最少，当然也就更暖和。如果猫咪也是数学家，它就会这样总结：**体积相同时，球体的表面积最小**。

　　当然，猫咪并不懂什么数学原理，它只是在漫长的时间里进化出了与环境最相宜的行为方式，这是大自然的智慧。

　　大自然并不偏心，这种美妙的智慧同样也赐予了很多动物、植物。比如蜘蛛就在它的丝网上写下了好多秘密。蜘蛛网匀称、复杂、美丽，就算是木工师傅使用圆规和直尺也难以媲美，而当科学家用数学方程和坐标系来研究蜘蛛网时，他们惊呆了：平行线段、全等对应角、对数螺线、悬链线和超越线……这些复杂的数学概念，竟然都应用在了这小小的蜘蛛网上——不！与其说是蜘蛛应用了数学原理，倒不如说是人们从蜘蛛网的精妙感受到了大自然的智慧！

　　比蜘蛛还要小的珊瑚虫，其身体就是一本大自然的史书，它们每天在体壁上记下一条环纹，一年就是365条，遇到闰年就是366条，精确无比。生物学家通过研究发现，

在 3.5 亿年前，珊瑚虫的身体上每年有 400 条环纹，这说明当时地球上的一昼夜只有 21.9 小时，一年有 400 天。如果不是这些珊瑚虫，人类又怎能重现几亿年前地球的模样呢？

而我们熟知的黄金分割 0.618，也并不是专属于艺术作品《蒙娜丽莎》和《维纳斯》的——确切地说，是艺术家向大自然学习，才创造出了美的作品。仔细观察一片枫叶，你会发现，它的叶脉长度和叶子宽度的比例，近似 0.618。蝴蝶身长和翅宽的比例，鹦鹉螺壳上相邻螺旋的直径比例，也都接近 0.618。

就连我们最喜欢画的图案——五角星，其美感也是从数学而来的。我们可以找一张正五角星的图片，拿出尺子量一量，算一算。你将会得出一个惊人的结论：五角星上的每一条线段都符合点黄金分割。而在自然界中，海星、阳桃、莴萝等也都是完美的五角星形。

科学探索

身边的数学之美

　　请仔细观察你的身边，还有哪些美丽的事物是与数学有关的？星云的螺旋，树叶落下的轨迹，流水的漩涡，鸟儿翅膀上的羽毛排列……

21

先抓阄一定占优势吗

玩儿抓阄的时候，总有人会抢着要第一个抓，认为先抓阄会占优势，真的是这样吗？

举个例子，一共有三个纸团，分别写着"吃一根香蕉""不吃香蕉""买一根香蕉给赢的人"，当然所有人都希望自己能抓到"吃一根香蕉"。试想你第一个抓，三个纸团都还在，所以抓到"吃一根香蕉"的可能性更大，但是，这个时候另外两个纸团也在，所以抓不到"吃一根香蕉"的可能性同样很大。那么最后一个抓呢？这时只剩下一个纸团了，它会是"吃一根香蕉"吗？答案只有两个——是或不是，抓到和抓不到的可能性一样大。

抓阄是最简单的概率游戏，从上面的例子我们可以看出，它给每个人提供的机会都是均等的，无论谁先抓、谁后抓，都一样公平。

类似的概率问题在生活中很常见，如阴天出门时要不要带伞、乘坐公交车和出租车哪个更不易堵车等。很多人会用运气好坏来描述不同的结果，但事实上，人人都可能碰到顺利或倒霉的事，如果非要说这世界上有"运气"，那它就是指概率。

简单来说，概率就是事情发生的可能性，在不同条件下，同一事件发生的可能性大小不同。比如大晴天下雨的概率，就比阴天下雨的概率小得多。但是，大晴天绝对不会下雨吗？不，天有不测风云，只是下雨的概率很小。不过，如果我们每天都做记录，只要时间够长，就一定会碰上大晴天下雨的情况。概率学中有一个无限猴子定理，说的就是这个意思：让一只猴子在键盘上随机打字，当打字时间无穷大时，猴子甚至能打出《莎士比亚全集》。

科学探索

发现身边的概率

概率问题在生活中很常见：抛硬币正面朝上还是反面朝上，买彩票中奖的可能性……请你找一找：在生活中还有哪些概率事件？

22

智慧校园里的生活是怎样的

　　宽敞明亮的教室，平坦宽阔的操场，朝夕相处的老师和同学……校园是我们最熟悉的地方。可是，你知道智慧校园里的生活是怎样的吗？

　　智慧校园里最常用的东西，要数大家佩戴的非接触式智能卡了。通过识别智能卡，智慧校园中的每一处设施都会根据你在校园里的位置，随时提供相应的周到服务。比如，当图书馆里的计算机读取了你的智能卡后，马上会提醒你借的书什么时候到期。快到午饭时间了，你只要用智能卡在信息台上输入信息，就能选择喜欢的套餐。

　　在智慧校园里，还有很多"千里眼"和"顺风耳"。安防摄像头分布在校园各处，并且与公安局的监控中心联网，一旦出现状况，警察叔叔就会很快赶来。而消防传感器一旦捕捉到高温、烟雾等异常情

况，也会立即发出警报，通知大家及时撤离，同时自动向 119 消防指挥中心报警。

在智慧校园里，上课也变得不一样了。英语课上要复习有关衣服和颜色的单词，一位可爱的女生给大家当起了模特，她的图像被摄像头采集后投放到屏幕上，与各种不同服装的图像合成在一起：一会儿是帅气的衬衫、牛仔裤，一会儿是漂亮的连衣裙……同学们随着"模特"的展示，齐声朗读对应的单词，课堂上欢声笑语，好不热闹！

在不久的将来，这样的智慧校园会在越来越多的小学里成为现实。

科学探索

你理想中的智慧校园是什么样的

请搜集一些关于物联网、云计算和大数据的知识，看看这些技术能为我们的生活带来哪些便利。畅想一下：你希望利用这些技术构建的智慧校园是什么样的？

65

23

机器人也会"闹脾气"吗

"汽车人！变形！出发！"作为世界上最有名的机器人之一，变形金刚"擎天柱"的喜怒哀乐都令我们印象深刻。在科技蓬勃发展的今天，科学家研制出的机器人是否也能像动画片中的擎天柱这样，会哭，会笑，会闹脾气呢？

机器人在工业、医学、农业、建筑业、军事等领域中都能协助人类，或代替人类完成一些危险的工作和难以进行的任务。

虽然机器人能扫地、拖地、踢足球，能帮助航天员排除卫星和空间站的故障，但是它没有自主思维能力，它的数据处理中心也无法与人类的大脑相媲美。

人类的大脑应该是宇宙中最复杂精密的"仪器"，它如同一个极其庞大的系统，能够根据记忆形成智能、情感的分析和反应，自主意识强大。大脑的很多秘密，人类至今也没有弄清楚。

但是机器人的数据处理中心并不具备人脑所拥有的创造性能力，它只能按照设置好的程序，按部就班地根据输入的数据做出反应。比如，程序中设定了"跌倒就哭"，那么只要这个机器人跌倒，它就做出"哭"的动作，而并不分析"跌倒"的原因——是自己不小心，还是别人恶意推搡。它的"哭"也和情感无关，摔坏了、委屈了、害怕了，都是同一个撇嘴流泪的"哭"。

可见，机器人的智能化水平虽然越来越高，但它仍然受制于人类设定的程序，没有自主思考的能力，即使"闹脾气"也只是做做样子罢了。

知识链接

机器人能安抚闹脾气的人类吗

虽然机器人的"闹脾气"只是做做样子，但随着智能机器人的飞速发展，已经诞生了能在我们人类闹脾气时充当心理疏导师的机器人。日本推出的新款机器人Pepper的"类人"程度得到进一步提高，可以追踪人类情绪。这意味着当你不痛快时，会有一位贴心的机器人在旁边给予你安慰。

物质与能量

噗！

在人群中不小心放了个大臭屁，是一件让人很不好意思的事！在这尴尬的时刻，人们肯定想不到，屁虽然气味难闻，却是一种清洁能源！

其实，有臭味的气体在屁里面的含量很少，屁的主要成分还是很"清洁"的，主要是随我们吃饭、喝水带到肠胃里的空气，还有肠道细菌分解食物所产生的二氧化碳、氢气和甲烷。

烧饭用的天然气，主要成分就是甲烷，氢气也是可燃的气体。所以，只要浓度足够高，屁毫无疑问是能点着的！科学家研究发现，如果把 300 个人一天的屁收集起来，燃烧后转化的电能可以使电冰箱运行一整天。

如果要找"大屁王"，奶牛可是当之无愧。一头奶牛每天通过放屁和打嗝排出的甲烷可达 500 升。2014 年，德国的一个牛棚发生了大爆炸，原因竟然是里面聚集了太多的牛屁，甲烷浓度太高。

所以，科学家让奶牛背上一个大塑料袋（放屁背包），随时随地收集牛屁用来当作燃料。这样，原本对环境有害的牛屁，就变成了取之不尽的能源，真是一举两得！

奶牛放屁的超强本领，我们也能想办法

模仿。人们把粪便、秸秆、杂草等废物放到密封的水池里发酵，就能得到沼气。沼气的主要成分也是甲烷，用它当能源可比收集牛屁方便多了。

除了牛屁和沼气，人们还找到了多种清洁环保的方式获取能源：在有风的山坡或海岛，利用风力发电；在海边波浪大的地方，利用海浪发电；在日照充足的地方，利用太阳能发电……

有了这些清洁能源，加上平时节约用电，以步代车，就可以既减少环境污染又降低不可再生能源的使用量。而我们生活的城市，也就能变得总是天蓝蓝，云白白啦！

知识链接

环保赛车

英国华威大学研制出一辆"全环保"赛车，它的方向盘采用胡萝卜纤维材料制成，后视镜和刹车片分别由马铃薯淀粉和腰果壳制成，就连使赛车跑起来的燃料，也并非传统的汽油，而是改用巧克力和蔬菜油的混合液作为绿色燃料。

25

阿基米德要是不洗澡，就发现不了皇冠的秘密吗

相传叙拉古的国王命人打造了一项金皇冠，但是怀疑工匠掺入了银，于是找来阿基米德鉴定皇冠的真假，前提是不能破坏皇冠。阿基米德日夜苦思冥想，迟迟找不到答案。一天，当他洗澡时，身体刚刚泡入浴缸，水哗啦啦地溢了出来。阿基米德似乎一下找到了灵感：溢出的水的体积，应该等于浸入浴缸的身体的体积，那么将皇冠浸入水中，也就能在不破坏它的前提下测出它的体积了。相同重量的金比银的体积小，所以只要能测量出和皇冠相同重量的金子的体积，再看它是否与皇冠的实际体积一样，就能知道工匠是不是在皇冠中掺了别的东西了。

阿基米德从一次泡澡中悟出了重要的科学道理，确实了不起，可如果阿基米德是个邋遢鬼，不常洗澡，他还能发现皇冠里的秘密吗？

其实，科学发现需要大量的实验证据和经验积累，瞬间的灵感和启发只是科学道路上的一小步。试想，如果阿基米德没有之前对皇冠问题的长时间的思考和钻研，就算他天天洗澡，也未必能发现什么。而牛顿如果不是已有丰富的物理学知识作为基础，又整天思索着物理难题，那么就算他被苹果砸晕了也不会发现万有引力。所以，引发灵感的那个瞬间固然重要，但起决定性作用的，还是平时的积累和思考，它们是科学发现的土壤，只有根植于此，才能开出科学之花。

科学探索

寻找科学顿悟的瞬间

请去图书馆或上网搜集资料，看看还有哪些故事讲述了科学家产生顿悟的瞬间，再多了解一些他们从事科研工作的经历，看看这些顿悟的背后是怎样持之以恒的工作和积累。

曹冲称象也是利用了浮力定律

26

隐身人
能从传说走向现实吗

　　"呼啦啦"斗篷一展，藏身斗篷之下的小主人公立刻变成了隐身人，可以不露行迹地来去自如……这是魔幻大片《哈利·波特》中的经典情节。除了隐身斗篷，魔法学院里还专门开了一门"隐身"课：配药水、念咒语……方法可真不少！当然，这些都是电影和小说中的虚构情节，在现实生活中，我们真的有办法将自己隐身吗？

　　要研究"隐身"，首先就要明白"看见"。我们之所以能看见物体，是因为光射到物体上被反弹回来（反射），投射到我们的视网膜上，于是我们就看见了物体。如果在全黑的屋子里，一丝光都没有，物体无法反射光，我们也就无法看见它。

　　根据这个逻辑，要想不被看见（隐身），只要让自己不反射光就行了。科学家循着这个思路，还真研究出了让物体尽量不反射光的技术。这种技术最早应用于军事领域，在第二次世界大战时期，德军

潜艇上就涂有能吸收红外线的涂料，潜艇在水面航行从而躲过雷达的搜索。也有科学家制出了"隐身衣"——一件缀满陶瓷、光纤混合物和电路板的外套。它可以吸收掉绝大部分光，只反射极其微弱的光，微弱到无法被人眼识别，也就实现了"隐身"。

以上这些"隐身术"，其实都是运用物理学原理实现的，而真正的隐身——彻底的瞬间消失，究竟能不能实现呢？这就要靠未来的科学家去努力探索了。

科学探索

视觉伪装

视觉伪装也是一种"隐身"方式，最好的例子就是迷彩服。因为和周围环境相似，穿着迷彩服的战士如果一动不动，就很难被辨认出来。有科学家还发明了一种带照相机和投影仪的隐身衣，它可以拍下周围的环境，转换到放映器上，再投射到特殊衣料上，这样就能随着环境变化，随时改变身上服装的图案，时刻与环境融为一体，成功隐身。其实不仅人类，动物也有各种视觉伪装的看家本领，最典型的就是变色龙。想一想：你还知道哪些动物的隐身方法。

27

水真的知道答案吗

　　在讲水和答案的故事之前，让我们先说说米饭和答案的事。有报道称，某小学三四年级的学生在教师倡导下，热衷于进行"米饭实验"。在冰箱中储存三盒米饭，每天以不同的态度对待它们，一个月后米饭会呈现不同的变化：被说好话的会发酵并散发出香气；被用力骂的会变黑发臭；从不被理睬的会流出脏水。

　　这个米饭实验与近年来流传的一段关于水和答案的故事有异曲同工之妙：一杯再普通不过的自来水，面对"谢谢"这种礼貌美好的词汇，会结晶成美丽的六角形；面对"混蛋"这种不好的词汇，则无法结晶或者结晶成难看的形状……这段神奇故事来自一本日本图书《水知道答案》，这本书也因此成为不少人的心灵鸡汤，并在科普图书畅销榜上高居不下。水真的能看（听）懂人的语言，并能区分真假善恶吗？

事实上，水结晶成什么形状只和温度与湿度有关，在 $-15℃$ 左右，水会倾向于结成六角形、树枝状的美丽结晶。随着温度升高，结晶会融化，这时我们通过显微镜就可以观察到结构被破坏了的结晶。《水知道答案》的作者正是把水的结晶条件（温度和湿度）调包为听到消息的好坏，来迷惑读者的。

类似《水知道答案》这种顶着科学光环的伪科学还有不少，水变油、吃绿豆治百病……在《水知道答案》的诞生地日本，长期从事科学教育工作的左卷健男教授出版了一本针锋相对的书《水不知道答案》（本书中文版由科学普及出版社出版），揭开了《水知道答案》一书作者的真实目的——用 π 水、磁化水等所谓"健康饮水"的概念迷惑公众，牟取利益。

知道了关于水的真实答案，现在你能否找出米饭的答案呢？

有这样一种小鸟，虽然身长不到40厘米，却每年往返于南极和北极，为了避开寒冷的极夜，迁徙总距离长达70900千米！它就是号称"只生活在阳光里"的北极燕鸥。这种小鸟怎么能飞行如此遥远的距离而不会迷路呢？原来，它们拥有与生俱来的"指南针"。

除了北极燕鸥，还有很多动物都有超强的辨别方向的能力，比如燕子、鸽子、海龟等，它们辨别方向的秘密武器就是地磁。早在先秦时代，我们的祖先就已经观察到地磁现象，并且在探寻矿藏时发现了磁铁矿。他们在生活中实验，发现这些特别的石头有很多特性，如能吸引铁；有两极，同极相斥，异极相吸；如果把它磨成针状，则总是指向南北方向。

明年我会再回来的。

我国古代先民只是觉得这种石头很有趣，进而发明了指南针，却没有深入探寻其原理。直到1600年，英国人吉尔伯特做了一个划时代的实验：他把一块天然磁石磨制成一个大磁球，把小铁丝制的小磁针装在枢轴上，放到磁球附近，从磁球面上观察到的小磁针指向与我们看到指南针的指示完全一样——这说明地球本身就是一块巨大的磁石。换句话说，正是因为地球自身有磁性，有南北两个磁极，磁石才会在地磁作用下指向南北方向。这样看来，地球不就是个巨大的"磁性定位系统"吗？

磁石

但地球为什么会有磁性？科学家普遍认为，地磁是由地核内液态铁的流动引起的，或是来源于地核内高温高压的环境，至于究竟是怎么回事，至今也没有明确的答案。

科学探索

地磁的南极、北极在哪里

现在，当你了解了指南针的工作原理和磁性的特点，你能判断出地磁的南极和北极分别在哪里吗？

29

为什么日出和日落时的太阳是红色的

　　地球戴着一副"变色眼镜"，因为它，我们看到的天空，白天是蓝色的，夜晚是黑色的，而且夜幕中的星星还会"眨眼"！就连太阳也有时明晃晃，有时红彤彤的……

　　地球的这副变色眼镜，其实就是大气层，是它使太阳在日出和日落时变成了红色。

　　太阳光是由七种颜色的光合成的，不同颜色的光穿过大气层的本领各不相同。红色光穿过大气层的本领最大，橙色光次之。在清晨和傍晚，阳光要斜着穿过大气层。所以，在穿过厚厚的大气层时，只有本领最大的红色光和部分橙色光能成功，而其他颜色的光，如蓝色光、紫

知识链接

色散实验

　　17世纪，英国物理学家牛顿进行了光的色散实验，他将一束太阳光射向三棱镜，太阳光便被散射成七种颜色的光（红橙黄绿蓝靛紫），从而得出白光不是单色光，而是由多种色光混合而成的结论。

色光等，则被大气层反射了出去，无法一路前行。所以，在日出和日落时，太阳看起来是红彤彤的。

到了中午，阳光需要穿过的大气层的厚度降低，其他颜色的光也能穿过大气层，到达我们的眼睛。这时，七种颜色的光会重新混合在一起，太阳光便又成了明晃晃、近乎白色的颜色了。

做一做

颜色哪去了

在白色硬纸板上剪出一个圆，分别画出红橙黄绿蓝靛紫七种颜色，在纸板中心插入一根木棍。搓动木棍，进行观察。为什么会有这样的现象呢？请给出你的解释。

实验材料：

圆规、硬纸板、剪刀、彩色画笔、木棍。

实验步骤：

1. 用圆规在白色硬纸板上画出一个圆。

2. 用剪刀剪下。

3. 用画笔在圆形纸板上分别画出红橙黄绿蓝靛紫七种颜色。

4. 在纸板中心插入一根木棍。

5. 搓动木棍，进行观察。

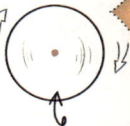

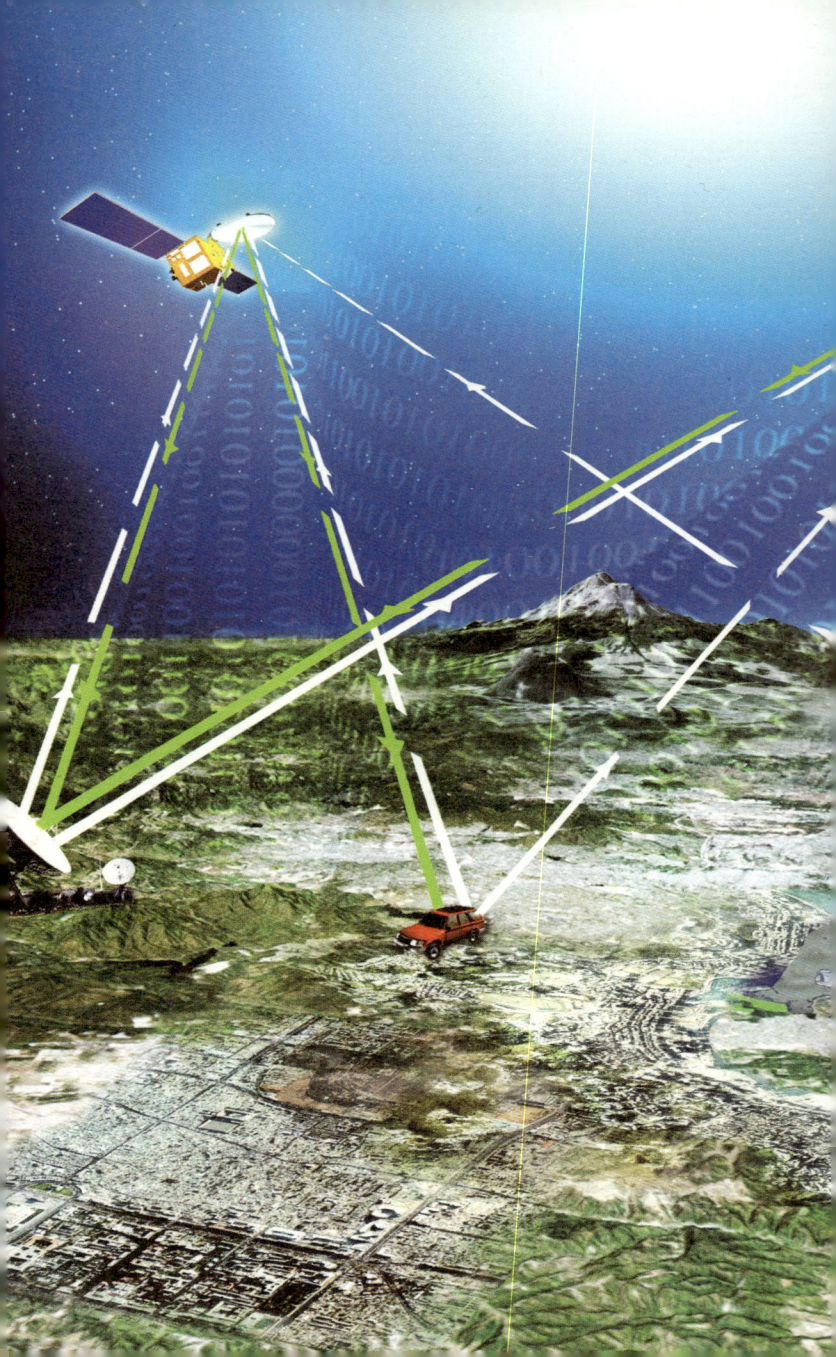

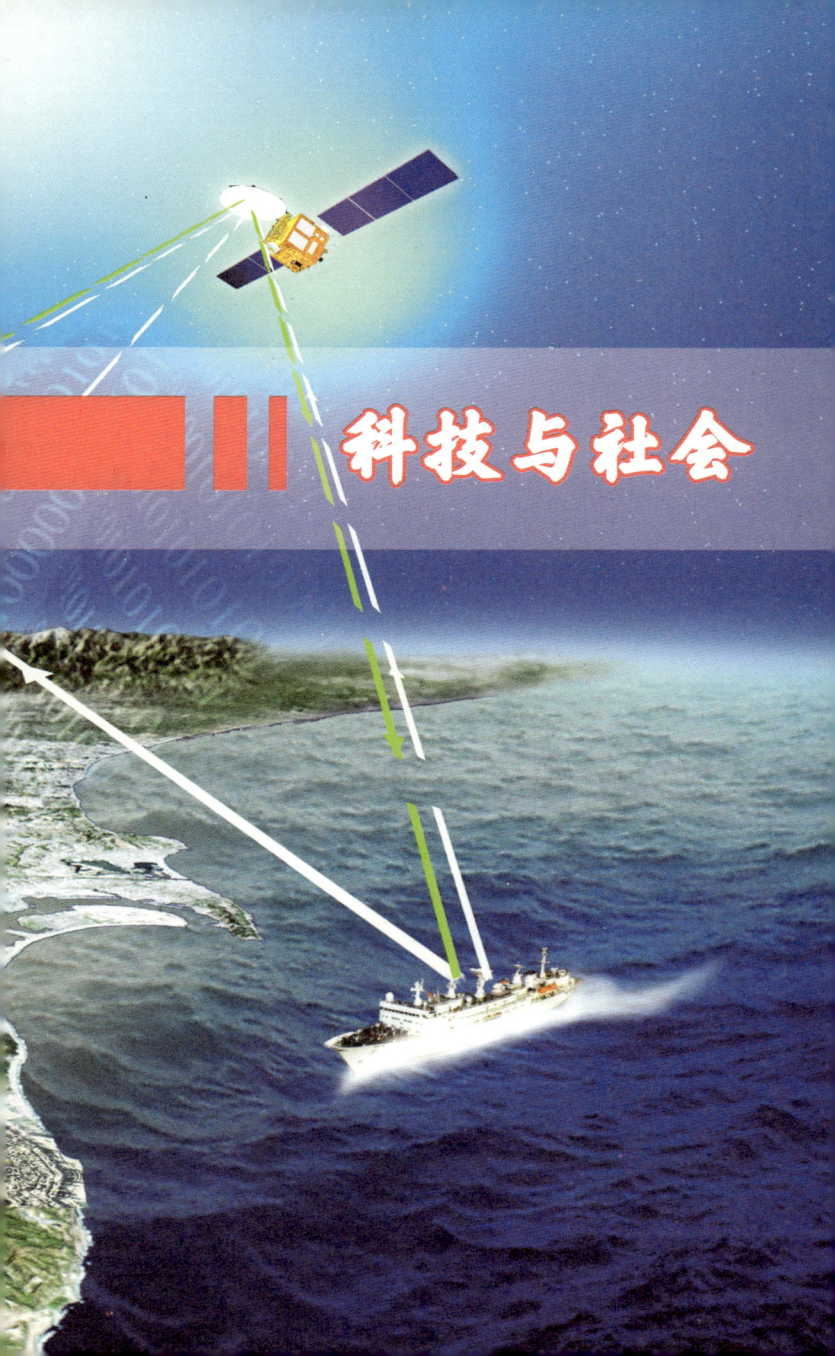

科技与社会

30

诺贝尔
为什么设立和平奖

19世纪60年代的一段时间里，在瑞典斯德哥尔摩附近的马拉湖上，有一条船一直泊在湖面，附近的居民谁也不敢靠近它——诺贝尔正在船上进行制造炸药的实验。

当时，人们使用的炸药很不安全，轻轻搬动，或是空气湿度有变化，都会引起突然爆炸，造成人员伤亡。所以，尽管困难重重，甚至在实验事故中失去了弟弟，诺贝尔还是锲而不舍，最终研制出了安全炸药。这种炸药由硝化甘油和硅藻土混合而成，不仅威力巨大，而且"迟钝"多了，就算从高处扔下来，或者用铁锤使劲砸，也不会爆炸。而硅藻土有点像橡皮泥，可以捏成任意形状，这就更适用于采矿炸石头了——只要把它搓成条，往石缝里一塞，再点燃引信就行了。

安全炸药自 1867 年
问世以来，为工业、军
事、矿业等领域的发展作
出了巨大贡献，但也因为
其在战争中的使用，给人
们带来了伤痛和灾难。这
令爱好和平的诺贝尔痛苦
而矛盾，充满自责，因此

诺贝尔纪念币

他在临终之际留下遗嘱，捐出自己所有的财产
作为诺贝尔奖的基金，奖励那些在人类发展的
进程中作出突出贡献的人，其中一个奖项就是
"诺贝尔和平奖"。

其实，诺贝尔的发明——安全炸药应用
于和平时期，为修路、建桥、开矿等带来了极
大的便利，其贡献不容置疑，而战争中炮弹伤
人，又怎能归咎于炸药本身，或是炸药的发明

者呢？战争灾难的罪魁祸首，不正是发动战争的人吗？

　　与诺贝尔一样，被誉为"原子弹之父"的奥本海默，也曾因相似的内疚而备受煎熬。作为美国"曼哈顿计划"的领导者，奥本海默率领众多科学家共同研制出了原子弹，迫使日本投降，为第二次世界大战画上句号，避免了人类继续蒙难。然而，战争的拐点，也是广岛、长崎的命运转折点。为了遏制极少数的战争狂人，两座城市被原子弹夷为平地，几十万普通人丧命，核辐射的影响至今仍如幽灵一般出没……奥本海默曾在联合国大会上痛苦地脱口而出："我的双手沾满了鲜血！"

　　其实，使人变成魔鬼的，并不是高科技的武器，而是占有的贪婪和征服的欲望。科技进步是一把双刃剑，只有在心存善意的人们手中，才能造就

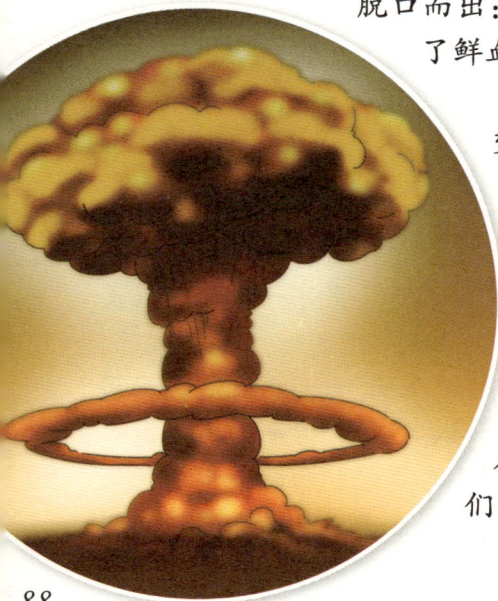

和平与幸福。现在，和平是世界的主旋律，也是全人类共同的期待，无论是诺贝尔发明的安全炸药，还是奥本海默等科学家研制出的原子弹，都应以"和平""安全"为原则应用和存在。而这也正是诺贝尔设立"诺贝尔和平奖"的初衷。

知识链接

为什么没有诺贝尔数学奖

　　数学有"科学之王"的美誉，但为什么在诺贝尔所设立的奖项中，却没有数学的位置呢？世人对此有各种猜测，给出的解释也有诸多版本，流传最广的传说是：因为诺贝尔所钟情的姑娘选择了和一位数学家生活在一起。不过这只是一个传说，实际原因是：诺贝尔认为应该把奖授予在实际应用上能造福于人类的杰出人物，而不是数学这种比较抽象的科学。

31

猛犸象还能复活吗

美国动画大片《冰河世纪》中有一头善良的猛犸象曼尼，它高大健壮的身体、浓密厚实的长毛以及弯曲上翘的长牙，都给我们留下了极其深刻的印象。真实的猛犸象生活在大约1万年以前的欧亚大陆，考古学家曾多次在寒冷的阿拉斯加和西伯利亚一带发现猛犸象被冰雪封冻的尸体。在科学技术蓬勃发展的今天，我们是否能有办法让这些沉睡在冻土和冰层里的庞然大物重新苏醒呢？

想让猛犸象从长眠中复活，就需要求助于克隆技术。克隆技术的本质是无性繁殖，是一种利用人工遗传来操纵动物繁殖过程的技术。简单地说，克隆不需要精子和卵子的结合，只要科学家从动物身上提取出一个小小的单细胞，就可以培育出一个与它完全相同的新生命。《西游记》中的孙悟空拔下猴毛吹口气，就能变出一群孙悟空，这在现代科学家眼中就是克隆技术。

虽然人类的克隆技术目前还达不到孙悟空那样神妙的水平，但正在逐渐向它靠近。1996年7月5日，世界上第一个克隆哺乳动物——绵羊多莉在英国诞生，翻开了世界生物克隆史上崭新的一页。

用克隆技术挽救珍稀动物，为病人更换人体器官，这些都是有益于自然与人类的事。但是，如果有人用它来"复制"人类，会不会引起世界大乱呢？科技对人类是有益还是有害，最终取决于人类如何对待和运用它，当人类改变世界和自己的能力越来越强大时，只有更加负责任地使用这种能力，才能为人类自己同时也为人类生存的环境造福。

32

心脏能"打印"出来吗

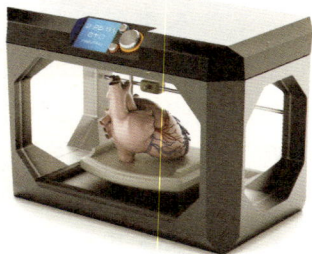

在日常生活中，我们经常会用打印机打印文件和照片，如果有人让你用打印机帮他打印一个心脏，你会不会惊讶得瞠目结舌呢？其实，打印心脏现在已是触手可及的现实，而它的基础就是3D打印技术。

3D打印技术最早是由美国发明家查尔斯·胡尔发明的，是一种快速成型技术。3D打印机与普通打印机的工作原理基本上是相同的，区别在于打印材料。金属、陶瓷、塑料等不同的打印材料，可以在计算机的控制下，一层层地复制样本，然后再把这些样本层堆叠起来，最终呈现出一个立体的实物。

最初人们只是利用3D打印来制造一些简单的模型，后来在航空航天、建筑、工程、汽车、珠宝等领域，也开始利用这一技术进行小规模的产品或者复杂零部件的制造。现在，小到玩具、巧克力、牙齿、汤匙、毛细血管，大到一幢完整的建筑，都能利用3D打印技术实现。

美国华盛顿国家儿童医学中心成功制造出了全球第一颗3D打印的人工心脏。这颗心脏是用塑料打印出来的，上面的血管脉络清晰可见，而且还能像我们正常人的心脏一样怦怦跳动，真是不可思议！打印人类器官组织并不容易，医生首先要对病人做超声波扫描，然后将获得的数据输入到计算机，接着，多台3D打印机相互配合、逐层打印出各种器官组织层，才能将病人的器官精确地打印出来。

虽然现在由于受到成本和材料的限制，3D打印还不能"打印一切"，但这项技术所蕴藏的"创造世界"的力量，已经让人们深深着迷和折服。

知识链接

4D打印和5D打印

4D打印比3D打印多了一个D——时间维度。4D打印制造的模型随时间的不同，可以呈现设定的不同形状或者性能。

5D打印使用活性材料打印，其产品可以自发成长和变化。

33

防毒面具
为何长得像猪鼻子

　　防毒面具的外形和猪鼻子非常像，这种特别的形状设计是为了好玩儿吗？当然不是，这里面还有一段故事呢！

　　在第一次世界大战的时候，为了争夺比利时的伊泊尔地区，德军和英法联军展开了一场激烈的战争。双方势均力敌，无法决出胜负，僵持了半年之久。1915年，德军为了赢得胜利，向英法联军喷洒了180吨有毒的氯气，毒死了5万多名士兵。

　　战争结束之后，人们惊讶地发现在这片被氯气袭击过的阵地上，竟然还有存活下来的动物——野猪。为什么笨拙的野猪能够躲过氯气的袭击，保住自己的性命呢？

　　这件事引起了科学家的注意，他们经过实地考察发现，是野猪喜欢用鼻子拱地的习性救了它们。当野猪闻到氯气的刺激气味时，它们会本能地用鼻子在地上使劲

地拱。泥土被野猪拱松动之后，松软的土壤和落叶等就像过滤器一样将毒气过滤掉了，于是野猪就在那场毒气战中活了下来。

科学家根据野猪拱地的原理，研究发明了防御毒气的防毒面具。他们在面具上设计了形状像猪鼻子一样的过滤器，里面装的是比泥土和落叶性能更好的活性炭。当毒气袭来时，这些活性炭可以降低毒气的毒性，在一定程度上保护佩戴者。

如今，防毒面具的性能不断提高，但是它的外形却一直保留着野猪鼻子的模样，也许是人类在对野猪表示感谢吧。

科学探索

寻找身边的好"老师"

自古以来，人类创造的灵感很多都来源于自然界。船就是人类模仿鱼的形体造出来的；蝙蝠通过超声波探测物体的原理，启发人类发明了雷达；根据苍蝇嗅觉器官制造的气体分析仪，被安装在航天飞机的座舱里，用来检测舱内气体成分……请你找一找：我们身边还有哪些这样的好"老师"？

34

人类能到达海洋最深处吗

　　地球表面积的71%被海洋覆盖着，也因此有一种说法，地球其实应该叫作"水球"。这虽然有些开玩笑的意味，但却把地球的特点描述得非常精准。不过，人类至今对浩渺海洋的了解依然很有限。神秘的海洋，吸引着人类不断探索。

　　深潜是直观的深海探索。深潜装备能够运载电子装置、机械设备以及工程技术人员、科学家等，快速精确地到达各种深海复杂环境，进行高效勘探和科学考察。

　　深海潜水器主要分为无人潜水器与载人潜水器两大类，各类潜水器有不同特点，分工明确：无人潜水器机动灵活，可以开展区域性的综合调查；载人潜水器的优势是，人员可在海底目的物前直接观察、直接取样、直接测绘，以便现场发现和决策。

　　无论是无人的水下机器人，还是载人的深海潜水器，都面临着深海环境极其严峻的挑战。地球海洋最深处，处于海平面以下1万多米。深海水压巨大，压力随海洋深度递增。在万米深海，深潜装备要承受每平方米

11000 吨的超大压力，这对潜水器研发带来极大困难。

近年来，我国深潜装备研发取得丰硕成果。

无人潜水器方面： 2020 年 6 月 8 日，我国研发的作业型全海深自主遥控水下机器人"海斗一号"，在马里亚纳海沟创造了潜深 10907 米的国内新纪录；7 月 16 日，我国研发的无人水下滑翔机"海燕 –X 号"在马里亚纳海沟创造了潜深 10619 米的世界纪录。

"海斗一号"

"蛟龙号"

"深海勇士号"

载人潜水器方面： 2012 年 6 月，我国研制的载人潜水器"蛟龙号"成功完成 7000 米级下潜，最大下潜深度达 7062 米。2017 年 10 月 3 日，国产化率达 95% 的中国第二台深海载人潜水器"深海勇士号"在南海海试成功。2020 年 11 月，全海深载人潜水器"奋斗者号"在马里亚纳海沟成功下潜达 10909 米，创造了中国载人深潜的新纪录，标志着我国载人深潜技术已跻身世界先进行列。

地球上的海洋深度是有限的，但探索深海奥秘的征途是永无止境的。随着深潜技术的发展，人类的足迹也踏入海洋最深处，并将为和平开发利用海洋资源作出更大贡献。

"奋斗者号"

35

盾构机如何拓展
地下空间

很多人都有乘坐地铁的经历，你有没有想过，地铁的隧道是如何打通的呢？"钻地神器"盾构机功不可没！

盾构机是一种高科技隧道施工装备，有"工程机械之王"的美誉。它广泛应用于市政地铁、铁路公路、共同管廊、国防设施、水利水电、矿山隧道等领域，是一个国家科技水平和装备实力重要的标志性产品。每台盾构机都是一个庞然大物，最短几十米，最长100多米，重量以"吨"为单位计算。

盾构机沿隧洞轴线向前推进，对土壤进行开挖切削，挖掘出来的土碴被输送到后方。盾构机只能前进不能后退。盾构机完成掘进出洞，工人们再将其拆装运走。

盾构机的设计灵感来自船蛆。船蛆是一种

软体动物，穴居在木制船舶里，能分泌一种液体涂在孔壁上形成保护壳，以抵抗木板潮湿后发生的膨胀。18世纪末，英国人在伦敦修建横穿泰晤士河河底隧道时，遇到非常棘手的工程问题。在英国工作的法国工程师布鲁诺尔受船蛆钻洞的启发，提出了盾构掘进隧道的原理。1823年，布鲁诺尔制成了世界上第一台盾构机。

盾构机是人类历史上隧道施工的一大技术突破，19世纪末至20世纪中叶，盾构技术相继传入美国、法国、德国、日本等国，并得到不同程度的发展。

我国在很长一段时间里，主要使用从国外引进的盾构机进行隧道施工。2008年，我国才拥有了首台具有自主知识产权的盾构机"中铁一号"。短短十多年间，我国从进口盾构机到批量出口盾构机，实现了盾构装备的逆袭。未来，我国盾构机将勇往直前，为世界拓展更广阔的地下空间。

36

浩渺宇宙，
我们能走多远

　　我国古代就有嫦娥奔月的美丽传说、夸父逐日的动人神话、牛郎织女的凄美故事，以及敦煌壁画中千姿百态的飞天图景。现代宇宙航行学的奠基人、航天学和火箭理论的奠基人康斯坦丁·齐奥尔科夫斯基曾说："地球是人类的摇篮，但人类不可能永远被束缚在摇篮里。"

　　1992年，中国载人航天工程正式启动。1999年11月20日，第一艘试验飞船"神舟一号"在酒泉卫星发射中心发射升空，21小时后，飞船成功着陆，中国载人航天工程首飞取得圆满成功。

　　2003年10月15日，"神舟五号"载人飞船在酒泉卫星发射中心发射升空，飞船载着中国飞天第一人——杨利伟在太空遨游14圈后，安全着陆于内蒙古自治区四子王旗。中华民族的千年飞天夙愿一朝梦圆！

　　2008年，中国载人航天事业又迈出了重大一步。2008年9月25日，翟志刚、刘伯明和景海鹏三名航天员驾乘"神舟七号"飞船冲破夜空的寂静，一飞冲天。27日，航天员翟志刚打开飞船轨道舱舱门，迈出中国人漫步太空的第一步，他挥舞国旗，在太空中向世界问好。此举使我国成为世界上第三个独立掌握空间出舱活动关键技术的国家。

2016年，载人航天空间实验室飞行任务拉开大幕。2016年6月25日，"长征七号"一飞冲天，完成新一代中型运载火箭和海南文昌新型滨海发射场的首秀之战。2016年9月15日，"天宫二号"空间实验室在"长征二号"FT2火箭的托举下飞入太空，这是中国第一个真正意义上的太空实验室。

2020年5月5日，"长征五号"B运载火箭在海南文昌首飞成功，正式拉开我国载人航天工程建造空间站任务的序幕。2021年4月29日，"天宫"空间站"天和"核心舱成功发射。2021年6月至今，"神舟"系列载人飞船顺利将多批次航天员送入太空，中国空间站步入有人长期驻留时代。2022年11月，中国空间站三舱形成平衡对称的"T"字构型，具有里程碑意义的"合体"顺利完成。

人类的航天活动可以分为三个部分：卫星应用、载人航天和深空探测。人类进行深空探测的第一站，就是距离地球最近的天

2016年9月15日"天宫二号"空间实验室成功发射

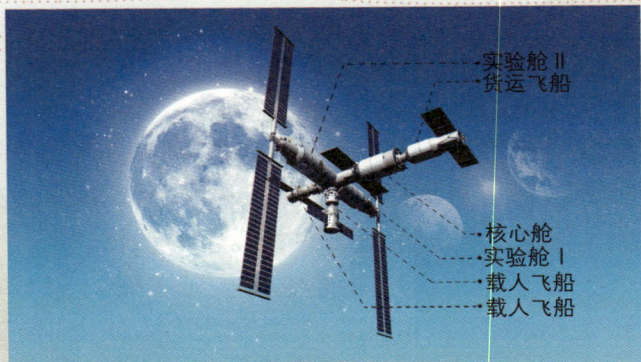
中国空间站示意图

体——月球。

　　我国探月工程有一个非常浪漫的名字——"嫦娥工程"。作为国家重大科技专项的标志性工程，探月工程规划了"绕、落、

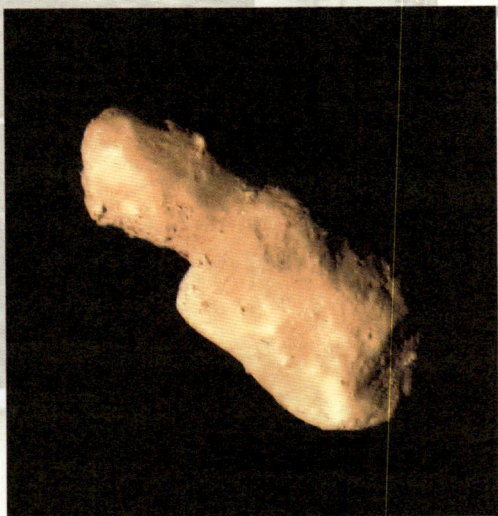
"嫦娥二号"拍摄的图塔蒂斯小行星

回"三步走目标，分为探月工程一期、二期和三期实施。

2004 年 1 月，探月工程一期正式实施。2007 年 11 月 26 日，"嫦娥一号"卫星传回第一幅月球图片数据，标志着探月工程一期任务圆满完成。

2010 年 10 月 1 日，"嫦娥二号"成功发射，在轨探测 6 个月后，飞赴日地拉格朗日 L2 点进行环绕探测，之后对图塔蒂斯小行星进行飞掠探测，成为我国首颗绕太阳飞行的人造小行星，创造了中国航天器的最远飞行纪录。

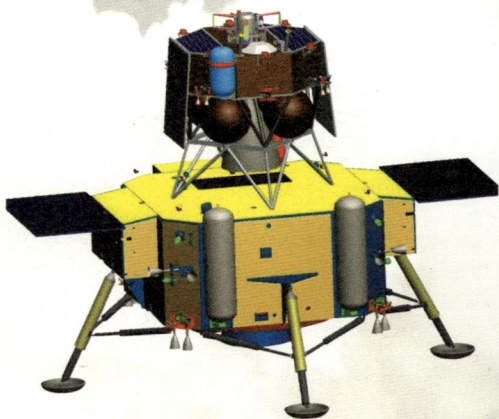

"嫦娥五号"探测器

2013 年 12 月 2 日，"嫦娥三号"成功发射，12 月 14 日探测器安全着陆，"嫦娥三号"实现了我国首次、世界第三次地外天体软着陆。

"嫦娥三号"的"玉兔"月球车

2011年1月，标志着探月工程"绕、落、回"三步走最后一步正式启动，目标是实现月面采样返回。2020年12月17日，"嫦娥五号"返回器携带着1731克月球样品返回地球，标志着中国首次地外天体采样返回任务圆满完成，实现探月工程"绕、落、回"三步走的最后一步"回"。

2020年7月23日，"天问一号"探测器成功发射。2021年5月15日，中国首辆火星车"祝融号"与着陆器成功登陆火

星并开展巡视探测。2021年6月，由"祝融号"火星车拍摄的着陆点全景、火星地形地貌、"中国印迹"和"着巡合影"等影像图发布，标志着我国首次火星探测任务取得圆满成功。

2021年10月14日，中国首颗太阳探测科学技术试验卫星"羲和号"成功发射。2022年10月9日，综合性太阳探测卫星"夸父一号"在酒泉卫星发射中心发射升空，正式开启对太阳的探测之旅。

浩渺宇宙，星辰大海。我们渐行渐远，探索永无止境！

首次火星探测任务工程示意图

星座能决定人的性格与命运吗

美丽的夏日夜空

"这次水星逆行对射手座的影响很大，怪不得我做什么都不顺利！"如果你的同学对你这样抱怨，那么他真该多了解些天文学知识，因为在国际天文学会公认的88个星座之中，根本就没有射手座。"水星逆行"也不是水星向后运行，而是当地球和水星沿各自轨道运行到某些位置时，从地球上仰望，水星"看起来"倒退了。

如果连星座名称和行星运行的科学原理都没弄清楚，那么这套"占星理论"还能站得住脚吗？答案当然是否定的。不过，占星学并非毫无意义，而是和现代天文学有着千丝万缕的联系。

早在几千年前，古巴比伦人、古埃及人、古中国人在观察夜空里的星星时，就已发现了很多规律。只不过，那时候人们并不知道"地球绕太阳公转"这样的事实，而是以地球为固定点。所以，尽管他们发现了不少天体运行的秘密，可是因为受到世界观和观测工具的限制，很多论述都难以避免地出现了错误和偏差。

不过，从天文学出发，古人倒是凭借着想象创造出了很多神话故事。比如我们熟悉的"牛郎织女鹊桥相会"，描述的其实就是织女星和牵牛星（现代天文学分别称为天琴座α和天鹰座α）的运行轨迹。我们熟悉的猎户座、牡羊座、英仙座，它们好听的名字背后，也都是凄美曲折的神话故事。

在占星学中，天体运行中的种种数字关系浪漫而神圣，但在科学家看来，人类只是根据观测到的天文规律来安排自己的生活。如古埃及人发现，天狼星运行到某一位置时，尼罗河便会发生洪水。这其实是天体引发的潮汐，但在古埃及人看来，天狼星的升降，直接影响着尼罗河两岸的收成，因此它们根据天狼星的位置来安排农事活动，并且渐渐衍生出了对天狼星的崇拜。

性格在成长中磨炼，成功在付出后收获，这才是我们应该"崇拜"的信念。受着现代教育的我们，如果和古代先民一样，将一切寄托于星星和月亮，那是多么可笑啊！

如何像科学家一样思考

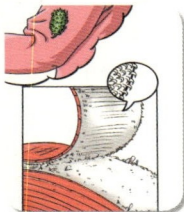

原始人发现被野火烧过的动物肉更加好吃，从而慢慢地学会了使用火；古代道士在炼丹过程中发现某些物质混合后经常会发生爆炸，摸索出制造火药的方法；现代人通过研究挂在衣服上的苍耳发明了魔术贴……所有人类的进步，都是科学探究的结果。

一位参与制定美国青少年科学教育纲要的美国教师曾经说："我们的目标，是让孩子像科学家一样思考。"那么，处在学习阶段的同学们，其目标就是学会像科学家一样思考。

科学家是如何思考的呢？简单来说，科学探究可以分为**观察并提出问题**、**形成假设**和**验证并得出结论**三个步骤。

观察并提出问题：就是要通过观察获取大量信息，并从中筛选出关键性的问题。例如，科学家在思考本文开头所举的例子时，也许会提出这样的问题：

图书在版编目（CIP）数据

小学生科学素质提升行动 /《中国公民科学素质提升行动丛书》编写组编 . -- 北京：科学普及出版社，2023.7（2024.12 重印）

（中国公民科学素质提升行动丛书）

ISBN 978-7-110-10622-8

Ⅰ. ①小… Ⅱ. ①中… Ⅲ. ①小学生—科学—素质教育—中国 Ⅳ. ① G622.0

中国国家版本馆 CIP 数据核字（2023）第 113991 号

策划编辑	郑洪炜
责任编辑	郑洪炜　孙海婷
封面设计	中文天地
正文设计	中文天地
责任校对	张晓莉
责任印制	徐　飞

出　　版	科学普及出版社
发　　行	中国科学技术出版社有限公司
地　　址	北京市海淀区中关村南大街 16 号
邮　　编	100081
发行电话	010-62173865
传　　真	010-62173081
网　　址	http://www.cspbooks.com.cn

开　　本	787mm×1092mm　1/32
字　　数	64 千字
印　　张	3.875
版　　次	2023 年 7 月第 1 版
印　　次	2024 年 12 月第 3 次印刷
印　　刷	北京盛通印刷股份有限公司
书　　号	ISBN 978-7-110-10622-8 / G·4381
定　　价	29.00 元

（凡购买本社图书，如有缺页、倒页、脱页者，本社销售中心负责调换）

为什么被火烧过的动物更好吃？

为什么在炼丹过程中会发生爆炸？

形成假设：提出问题后，就要针对它形成假设。当原因不是那么显而易见的时候，针对一个问题提出多种假设是很常见的。同样是针对上面的例子，科学家可能提出如下假设：

问题：为什么被火烧过的动物更好吃？

假设1：因为这种动物本身好吃。

假设2：因为被火烧过才好吃。

问题：为什么在炼丹过程中会发生爆炸？

假设1：因为物质的混合与撞击造成了爆炸。

假设2：因为天公发怒。

验证并得出结论：为了验证"为什么被火烧过的动物更好吃"，科学家会怎么做？可能是捉两只相同的动物，一只生吃，另一只烤着吃。

科学探究，说难也难，说易也易。其实，无论在课堂还是课外的探究式学习活动中，同学们已经在潜移默化中"像科学家一样思考"了。